Persistence Power · Execution Power · Administrative Power

The Power
더 파워

Persistence Power · Execution Power · Administrative Power

The Power
더 파워

강현숙 도인재 문차온 박지현 오혜승 이성지
이지연 이현미 정예신 정유진 최경은 하연주 지음

힘찬북스

목차

Part 1. Persistence Power
갖춰야 할 것: 지속력

Part 2. Execution Power
해야만 할 것: 실행력

Persistence Power · Execution Power · Administrative Power

Persistence Power · Execution Power · Administrative Power

The Power
더 파워

The Power

지속하고,
실행하고,
관리하는 사람들의 이야기

persisten

우리는 모두 한 번쯤 '힘'이라는 단어 앞에서 멈춘다. 더 가져야 할 힘, 더 버텨야 할 힘, 더 성장해야 할 힘. 하지만 이 책에서 말하는 Power는 그런 단단한 근육의 힘이 아니다. 그것은 끝까지 의미를 놓지 않는 사람들의 내면의 지속력, 넘어져도 다시 방향을 세우는 실행의 의지, 그리고 함께 가기 위해 관계를 다듬는 관리의 온도다.

리더십은 이제 개인의 능력이 아니라 지속의 기술이다. 단 한 번의 성공보다 중요한 것은, 그 성공을 지탱할 수 있는 일상의 루틴과 마음의 구조다. 그래서 《The Power》는 묻는다.

"당신은 무엇을 붙잡고 있는가?"

"당신은 무엇을 지속하고, 어떻게 다시 일어서고 있는가?"

이 책은 12명의 리더가 각자의 현장에서 증명한 지속(Per-

sistence), 실행(Execution), 관리(Administration)의 서사로 엮여
있다. 그들은 기업의 리더이자, 엄마이자, 동료이자, 인간으로서의
리더십을 이야기한다. 어떤 이는 '꿈꾸는 리더십'을, 어떤 이는 '용
기의 리더십'을, 또 다른 이는 '사랑의 리더십'을 이야기한다. 그러
나 이들의 공통점은 단 하나—멈추지 않았다는 것.

이 책의 제목 The Power는 여섯 개의 단어로 완성된다.

T. H. E. P. O. W. E. R—To Hold Everything, Persist, Own,
Win, Evolve, Rise. 모든 것을 붙잡고, 지속하고, 주도하고, 이기고,
진화하며, 다시 일어서는 힘.

여기서 말하는 '모든 것'은 결과가 아니라 과정이다. '이기는 힘'
은 타인을 이기는 경쟁이 아니라, 어제의 나를 이기는 지속의 반복
이다. '진화하는 힘'은 변화를 두려워하지 않는 성장의 용기이며,

'다시 일어서는 힘'은 리더가 스스로에게 주는 가장 큰 선물이다.

이 책은 세 가지 메시지를 전하고자 한다.

첫째, Persistence Power―지속의 힘 꿈꾸는 자만이 현실을 바꿀 수 있다. 지속은 버티는 것이 아니라, 의미를 이어가는 일이다.

둘째, Execution Power―실행의 힘 계획은 누구나 세울 수 있다. 그러나 실행은 '지금 여기'를 선택할 때만 시작된다.

셋째, Administrative Power―관리의 힘 리더십의 품격은 관리에서 완성된다. 재정, 시간, 인격, 관계를 다스리는 태도가 바로 리더의 언어다.

《The Power》는 단순히 리더십 에세이가 아니다. 이것은 '끝까지 가는 사람들의 지도(Map)'이자, 각자의 자리에서 끊임없이 자신과 싸우며 확장해 온 리더들의 진심 기록이다.

당신이 이 책의 어느 페이지를 펼치든, 그 속에서 누군가의 문장이 당신의 내면을 두드릴 것이다. 그리고 조용히 이렇게 속삭일 것이다.

"지금 멈추지 마. 당신은 이미, The Power를 가지고 있으니까."

—이지연 비즈니스 다각화 전문가

추천사

십이지신(十二支神)이 우주와 자연 삼라만상을 이끄는 원리가 되듯 리더십을 구성하는 12가지 개념인 인격, 사랑, 꿈, 시간, 재정, 용기, 배려, 끈기, 도전, 성장, 성공, 행복을 중심으로 구성원들의 튼실한 관계 속에서 우리가 하는 일의 의미를 일깨우고, 생각과 행동을 시스템화시켜, 지속가능한 성장과 발전이 선순환될 수 있는 《T. H. E P. O. W. E. R》라는 의미심장한 책을 만났다. 모두가 힘든 상황에서 끝까지 가는 리더들이 가진 진짜 힘이 들어가는 독특한 리더십 참고서가 아닐 수 없다.

한 사람의 성장보다 팀의 성공과 행복을 위해 인격과 사랑을 기반으로 시간과 재정을 관리하면서 용기와 배려, 끈기와 도전으로 지속 가능한 조직을 이끌어가는 리더십의 핵심과 본질을 논의하는 책이 나와서 읽어보았다. 생각의 '발로(發露)는 발로'부터라는 신념으로 책상 지식보다는 경험적 지혜, 관념적 이론보다 현실에서 진실을 캐내는 일념과 실천으로 리더십의 새로운 지평을 여는 리더의 필독서라고 생각한다.

남보다 잘 하지 않고 전보다 잘하려는 자기와의 싸움을 통해 현실에 안주하지 않고 몸으로 꿈을 꾸고, 우리가 하는 일의 의미를 심장에 꽂아 의미심장한 마음으로 미지의 세계에 과감하게 도전하며, 용기(容器)를 깨뜨리는 진정한 용기(勇氣)로 지속적으로 실천하고 관리함으로써 지속적 성장과 확장을 통해 성공과 성취감을 함께 만들어가는 리더십의 전형을 보여주고 있다. 이런 점에서 리더십(leadership)은 한 사람의 독창적인 개인기가 아니라 구성원과 함께 사회적 관계가 만들어가는 릴레이션십(relationship)에서 나온다.

— 유영만 지식생태학자, 한양대학교 교수,《코나투스》저자

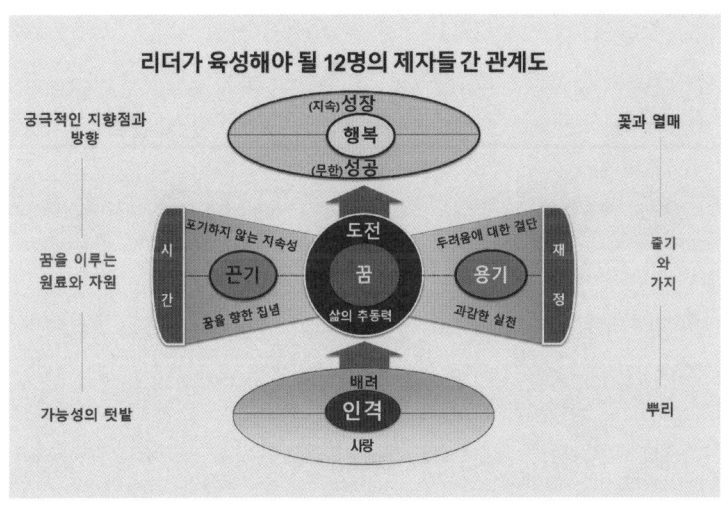

The Powe

Part 1.
리더의 덕목 : 지속력

Persistence Power · Execution Power · Administrative Power

갖춰야 할 것

꿈
용기
배려
끈기

지속력— 리더라면 그 어떤 상황에서도 잃지 말아라!

진정한 리더는 폭풍우가 몰아치는 순간에도 흔들리지 않는 나무와 같다. 스티브 잡스가 애플에서 쫓겨난 후 12년간의 방황 끝에 다시 돌아와 세계 최고의 기업으로 만든 것처럼, 지속력은 리더의 가장 강력한 무기가 된다. 실패의 순간에도 포기하지 않고, 비판의 목소리에도 굴복하지 않으며, 어둠 속에서도 자신만의 빛을 찾아내는 것이다. 하지만 많은 리더들이 첫 번째 큰 실패 앞에서 무너지고 만다. 과연 당신은 99번 실패해도 100번째에 일어설 수 있는 지속력을 가지고 있는가?

꿈

ream

01

현실을 바꾸는 것은 꿈꾸는 자들의 몫

"혼자 가면 빨리 갈 수 있지만, 함께 가면 멀리 갈 수 있다."

—아프리카 속담

한 권의 책이 준 깨달음

존 리비 작가의 '당신을 초대합니다'라는 책을 통해 나는 깊은 깨달음을 얻었다. 초대와 관계 형성이 어떻게 우리의 삶의 방향을 바꾸고, 꿈을 현실로 만드는 중요한 열쇠가 되는지 알게 되었기 때문이다. 책을 읽으며 떠올린 기억이 있다. 몇 년 전 한 지인이 세미나에 초대해 준 적이 있었다. 처음엔 "바쁜데 굳이 가야 하나?" 생각했지만, 그 자리에서 만난 사람들이 내 인생을 바꿔놓았다. 그때 깨달았다. 진정한 초대는 단순한 만남이 아니라 새로운 가능성의 문을 여는 것이라는걸. 이 책의 핵심 메시지는 단순한 만남을 넘어 서로를 성장시키는 강력한 연결고리를 형성하는 것에 있다. 왜 연결이 중요한가? 왜 이러한 연결이 중요한지 세 가지 관점에서 생각해보았다.

함께하는 꿈의 힘

아무리 크고 멋진 꿈이라도 혼자서는 이루기 어렵다. 꿈을 현실로 만들기 위해서는 적절한 조언과 협력, 그리고 함께 나아갈 사람들이 필요하다. 누군가의 초대는 단순한 만남을 넘어, 우리가 가능성을 확장하는 중요한 기회가 된다. 작년 우리 팀에서 새로운 프로젝트를 시작할 때였다. 처음엔 혼자 아이디어를 구상했지만, 팀원들과 공유하면서 훨씬 더 큰 그림이 그려졌다.

"이런 기능도 추가하면 어떨까요?" "여기에 이런 요소를 넣으면 더 완성도가 높아질 것 같은데요?" 꿈을 꾸는 것은 개인의 몫이지만, 꿈을 실현하는 것은 반드시 타인의 도움이 필요하다.

공동체 속에서의 성장

함께하는 과정에서 우리는 새로운 시작을 얻고, 더 큰 목표를 향해 나아갈 힘을 얻게 된다. 도전 속에서 배움이 이루어지고, 배움 속에서 성장이 이루어지며, 그 성장은 또 다른 꿈을 현실로 만드는 원동력이 된다. 어느 날 한 팀원이 힘들어하며 찾아왔다. 새로운 업무에 적응하지 못해 자신감을 잃고 있었다.

"대표님, 저 정말 모든 게 부족하기만 한 것 같아요."

다른 팀원들을 돕고 있었다. 나는 그와 함께 차근차근 문제를 풀어나갔다. 그리고 같은 어려움을 겪었던 다른 동료들과 연결해주었다. 3개월 후, 그는 완전히 달라져 있었다. 자신감도 생겼고, 이제는 다른 신입사원들을 돕고 있었다. 공동체는 우리에게 동기부여와 배움의 기회, 그리고 새로운 기회 창출의 장을 제공한다.

진정한 관계의 가치

진정한 관계는 단순한 인맥 형성을 넘어서 서로를 돕고 함께 발전하는 공동체를 만드는 것이다. 누군가의 초대에 응하고 또 다른 누군가를 초대하는 과정에서 우리는 서로에게 긍정적인 영향을 미치며 더 큰 성취를 이룰 수 있다.

최근 대학 동기 모임에서 만난 선배가 인상 깊었다. 그는 성공한 사업가가 되었지만, 여전히 겸손했다.

"나 혼자 한 게 아니야. 주변에서 도와준 사람들이 너무 많아."

그리고 실제로 그는 자신이 받은 도움을 다른 사람들에게 베풀고 있었다. 후배들에게 기회를 주고, 조언을 아끼지 않았다. 그의 성공은 혼자만의 것이 아니라 함께 나누는 것이었다.

초대의 연쇄 반응

최근 우리 팀에서 멘토링 프로그램을 시작했다. 리더가 팀원을, 팀원이 또 다른 팀원을 돕는 시스템이다. 처음 시작할 때는 "과연 잘 될까?" 걱정했지만, 결과는 놀라웠다. 참여한 모든 사람이 성장했다. 멘토는 가르치면서 자신의 지식을 정리할 수 있었고, 멘티는 선배의 경험을 통해 빠르게 성장할 수 있었다. 꿈을 현실로 만드는 초대의 힘은 단순한 만남을 넘어 서로를 성장시키는 강력한 연결고리가 된다.

기울어진 순간의 애착

내 마음속에 남은 한 문장이 있다.

"노력은 기울이면 더 애착이 간다."

이 말이 가슴에 닿는 이유는 함께 어려움을 극복한 관계일수록 더욱 소중하다는 것을 경험했기 때문이다. 힘들 때 함께한 사람들, 서로를 격려하며 꿈을 키워온 동료들, 실패했을 때도 포기하지 않고 다시 일으켜 세워준 친구들. 그들과의 관계야말로 내 인생의 진짜 자산이다.

오늘부터 시작하는 초대

당신도 오늘부터 누군가를 초대해 보라. 커피 한 잔의 초대라도 좋고, 좋은 책 한 권의 추천이라도 좋다. 작은 관심과 배려에서 시작해서 진정한 관계로 발전시켜 보라. 그리고 누군가의 초대를 받았을 때는 열린 마음으로 응해보라. 그 만남이 당신의 인생을 바꿀 수도 있다.

혼자서는 할 수 없는 일들이 함께라면 가능해진다.

＼ 오늘의 리더 메시지

"당신의 작은 초대가 누군가의 큰 기회가 되고, 그 관계가 쌓여 서로의 꿈을 현실로 만드는 든든한 다리가 되며, 함께 걸어갈 때 비로소 진정한 성공이 시작된다."

02

꿈을 향해 피어난 꽃: 데저트 플라워

"가장 어두운 밤이 지나야 가장 밝은 새벽이 온다."

—마틴 루터 킹 주니어

꿈이라는 단어조차 없던 삶

아프리카 소말리아에서 태어나 여성 할례라는 비극적인 문화를 겪고 이후 런던의 거리를 전전하다 세계적인 슈퍼모델로 성장한 와리스 디리의 실화를 바탕으로 한 《데저트 플라워》. 이 영화는 단순한 성공 스토리가 아니다. 더 깊은 층위에서 꿈이 얼마나 사람을 견디게 하고 또 세상을 바꾸는 힘이 될 수 있는지를 이야기한다.

와리스의 삶에는 '꿈'이라는 단어조차 존재하지 않았던 것처럼 보였다. 생존이 전부였던 사막에서, 13세에 강제 결혼을 피해 맨발로 도망치던 소녀에게 꿈은 사치였다. 하지만 와리스는 달랐다.

눈빛에 담긴 무언가

상처를 딛고 도망쳐 나온 그녀의 눈빛에는 분명히 무언가 있었다. 런던에서 청소부로 일하던 그녀가 패션계의 스포트라이트를 받기까지의 여정은 우연처럼 보이지만 그 이면에는 끊임없는 인내와 자기 믿음 그리고 그녀를 붙잡아주었던 작은 꿈이 존재했다.

영화 속에서 와리스가 처음 카메라 앞에 선 장면이 기억난다. 어색하고 서툴렀지만, 그녀의 눈에는 굴복하지 않는 강인함이 있었다. 그것이 바로 꿈의 시작이었다.

어느 날 회사에서 신입사원과 이야기하다가 와리스가 떠올랐다. 그 직원은 시골에서 올라와 모든 것이 낯설고 어려웠지만, 눈빛만은 포기하지 않겠다는 의지로 빛나고 있었다.

"힘들지 않아?"라고 물었더니, "힘들어도 포기할 수는 없어요. 저에게는 이루고 싶은 게 있거든요." 그 순간 와리스의 모습이 겹쳐 보였다.

성공에 안주하지 않는 꿈

와리스는 단지 모델로서 성공한 것에만 안주하지 않고 계속 전진한다. 그녀는 자신의 아픈 과거를 숨기지 않고 드러내어 여성 할례라는 충격적이고도 잔혹한 현실을 세계에 알리게 된다. 그녀의 꿈은 단지 유명해지는 것이 아니었다. 자신이 겪은 고통이 더 이상 반복되지 않기를 바라는 희망에서 시작된다.

몇 년 전 한 NGO 활동가를 TV에서 본 적이 있다. 그는 아프리카에서 10년간 봉사활동을 했다.

"왜 그렇게 오래 하세요?"라고 묻고 싶었는데 마침 리포터가 질문했다.

"제가 도움받았던 경험이 있어요. 그때의 감사함을 돌려주고 싶어요."

진정한 꿈은 자신만을 위한 것이 아니라 다른 누군가를 위한 것이다.

개인을 넘어선 꿈의 힘

그 꿈은 그녀를 넘어 수많은 여성과 아이들의 삶에 빛을 비추는 등불이 되었다. 꿈은 단지 내 개인의 성취를 위한 것이 아니고 나와 닮은 누군가의 고통을 덜어주기 위한 움직임일 수 있다는 것 그리고 그 꿈은 누군가에게는 생존의 방식이며 또 다른 누군가에게는 세상과 싸우는 무기가 될 수 있다는 것을 보여준다.

몇 년 전 우리 팀에서 봉사활동을 진행했을 때였다. 처음엔 회사 이미지를 위한 것이라고 생각했는데, 실제로 도움받은 사람들을 만나고 나서 달라졌다. 한 팀원이 말했다.

"이 일을 하면서 제 일과 삶의 의미를 다시 생각하게 됐어요."

개인의 꿈이 사회의 꿈이 될 때, 진짜 변화가 시작된다.

사막에서도 피어나는 꽃

《데저트 플라워》는 단순한 감동을 넘어선다. 사막의 메마른 땅 위에서도 꽃은 필 수 있다는 것 그리고 그 꽃이 세상을 바꾸는 씨앗이 될 수 있다는 진실을 보여준다. 사막에는 데저트 로즈라는 꽃이 있다. 극한의 건조함과 뜨거운 태양 아래서도 아름답게 피어난다. 물이 없어도, 영양분이 부족해도, 그 꽃은 자신만의 방식으로 생명력을 발휘한다. 와리스가 바로 그런 꽃이었다.

현실을 앞서가는 꿈

와리스의 삶을 통해 우리는 알 수 있다. 꿈은 언제나 현실보다 먼저 피어나고 그 꿈이 진실할 때 현실은 결국 그 뒤를 따라온다는 것을.

최근 한 다큐멘터리에서 와리스 디리의 근황을 봤다. 그녀는 여전히 여성 인권을 위해 활동하고 있었다. 화려한 런웨이 대신 아프리카 오지를 다니며 소녀들을 만나고 있었다. 인터뷰에서 그녀가 말했다. "내 꿈은 아직 끝나지 않았어요. 모든 소녀가 안전하게 자랄 수 있을 때까지." 그 말에서 진정한 꿈의 의미를 깨달았다.

당신의 데저트 플라워는?

우리 모두에게는 저마다의 사막이 있다. 어려운 환경, 부족한 자원, 남들의 시선. 하지만 그 메마른 땅에서도 꿈이라는 꽃을 피울 수 있다. 중요한 것은 꿈의 크기가 아니라 진정성이다. 자신만을 위한 꿈이 아니라 다른 누군가도 함께 행복해질 수 있는 꿈. 그런 꿈을 가진 사람이 세상을 바꾼다.

몇 달 전 사업을 크게 망하고 세상이 힘들어 포기할까 하다가 겨우 힘을 내 다시 시작하기 위해 들어온 인턴이 왔다. 나도 힘들었던 때가 있었고 내 사수도 그랬다. 우린 그 인턴이 자리 잡고 일어설 수 있도록 최선을 다해 도와주고 이끌어주었다. 곧 실적이 눈에 띄게 좋아지기 시작했고 자신감도 보였다. 딸 둘 부인 모두 호강시켜 주고 싶다는 인턴의 바램. 그 진심 어린 꿈에 우리 모두 감동 받았다.

꿈은 전염된다

와리스의 이야기가 전 세계에 알려지면서 수많은 사람들이 영감을 받았다. 그녀의 용기가 다른 사람들의 용기가 되었고, 그녀의 꿈이 다른 사람들의 꿈이 되었다. 꿈은 혼자 꾸는 것이 아니라 함께 꾸는 것이다.

당신도 오늘부터 데저트 플라워가 되어보라. 아무리 척박한 환경이라도, 아무리 어려운 상황이라도, 꿈이라는 꽃을 피워보라. 그리고 그 꿈을 혼자만 간직하지 말고, 다른 사람들과 나누어라. 당신의 작은 꿈이 누군가에게는 큰 희망이 될 것이고, 그 희망들이 모여 세상을 바꾸는 거대한 꽃밭이 될 것이다.

↘ 오늘의 리더 메시지

"가장 메마른 사막에서도 꽃은 피어나고, 그 꽃이 품은 씨앗이 온 세상에 퍼져 나갈 때, 불가능해 보였던 꿈들이 현실이 되는 기적이 시작된다."

03

당신을 초대합니다. '꿈을 현실로'

> "상상력은 지식보다 중요하다. 지식은 한계가 있지만, 상상
> 력은 세계를 품는다."
>
> —알베르트 아인슈타인

불가능이 가능이 되는 순간

세상의 모든 변화는 작은 꿈에서 시작되었다. 스티브 잡스의 개인용 컴퓨터, 넬슨 만델라의 무지개 나라, 그리고 마틴 루터 킹의 평등한 사회. 이 모든 것들은 처음에는 불가능해 보였던 꿈이었지만, 꿈꾸는 자들의 용기 있는 실천으로 현실이 되었다.

회사에는 1년 동안 달성해야 하는 업적 기반 프로모션 제도가 있었다. 그런데 어느 신입사원에게는 단 7주밖에 남지 않은 상황이었다. 대부분은 "저건 불가능하다.", "신입사원이 할 수 있는 일이 아니다."라며 회의적으로 반응을 보였다. 하지만 그 신입사원은 담담하게 말했다.

"이건 신입사원이라도 당연히 해야 할 프로젝트라고 생각합니다. 제가 도전하겠습니다."

그 순간, 주변은 술렁였고 모두 놀라움과 긴장 속에서 그의 선택을 지켜봤다. 시간은 짧고 목표를 이루기에는 어려움이 있었지만, 그는 끝까지 집중하여 결국 목표를 달성해냈다. 그리고 그 성취는 단순히 개인의 업적을 넘어, 팀 전체에 대한 도전 정신과 가능성의 메시지를 남겼다. 현실을 바꾸는 것은 오직 꿈꾸는 자들의 몫이다.

안주하는 자들과 도전하는 자들

대부분의 사람이 현실에 안주하며 변화를 두려워할 때, 꿈꾸는 자들은 불확실한 미래를 향해 과감히 발걸음을 내디딘다. 몇 년 전 만난 한 스타트업 창업자가 기억난다. 그는 당시 아무도 관심 없어 하던 분야에 도전하고 있었다.

"주변에서 모두 말렸어요. 시장도 없고, 돈도 안 된다고. 하지만 저는 10년 후를 봤어요."

처음엔 비웃음을 받았지만, 지금 그의 회사는 업계 선두 주자가 되었다. 꿈꾸는 자들은 남들이 보지 못하는 미래를 본다.

꿈꾸는 자들이 현실을 바꾸는 세 가지 이유

첫째, 현재의 한계를 받아들이지 않는다.

2025년 5월 한국 남자 400M 릴레이 대표팀이 아시아 선수권에서 사상 첫 금메달을 거머쥐었다. 그동안 한국 육상은 단거리에서 늘 한계의 벽 앞에 멈추곤 했다. 그러나 어떤 선수들은 그 벽을 현실로 받아들이지 않았다. "우리는 더 빨라질 수 있다." 그 믿음 하나로 훈련했고, 서로를 신뢰하며 바통을 이어 달렸다. 그리고 마침내 신기록과 함께 역사를 새로 썼다. 이 금메달은 말해준다. 한계는 정해진 것이 아니라, 도전할 때마다 다시 쓰이는 것임을. 오늘 우리가 받아들이지 말아야 할 것은 실패가 아니라, '여기까지'라는 체념이다. "불가능"이라는 말은 꿈꾸는 자들의 사전에 없다.

둘째, 실패를 두려워하지 않는다.

그들은 실패를 두려워하지 않고 끊임없이 시도하며 배워나간다. 토머스 에디슨은 전구를 발명하기 위해 천 번이 넘게 실패했다. 사람들이 "실패했네"라고 말할 때 그는 이렇게 답했다.

"실패가 아니야. 작동하지 않는 방법 천 가지를 발견한 거야."

실패는 꿈꾸는 자들에게 포기의 이유가 아니라 성장의 기회다.

셋째, 열정이 전염되어 동료를 만든다.

그들의 열정과 확신이 주변 사람들에게 전파되어 함께 꿈을 이루어 갈 동료들을 만들어낸다. 스티브 잡스가 애플을 만들 때, 그는 혼자가 아니었다. 그의 비전에 감동 받은 수많은 사람들이 함께했다. "우주에 흔적을 남기고 싶다."라는 그의 꿈이 다른 사람들의 꿈이 되었고, 그 꿈이 세상을 바꿨다. 한 사람의 꿈이 여러 사람의 꿈이 될 때, 기적이 일어난다.

실패조차 희망이 되는 이유

영화 《작전명 발키리》의 슈타펜베르크 중령과 그의 동료들처럼, 진정한 꿈 꾸는 자들은 단순한 목표 달성을 넘어 인간다운 세상을 만들고자 하는 숭고한 의지를 품고 있다. 그들의 시도는 실패로 끝났지만 그 실패조차도 후세에 희망의 씨앗이 되었다. 왜냐하면 그들이 보여준 것은 불가능해 보이는 꿈이라도 포기하지 않고 실천할 때 비로소 빛을 낸다는 진리였기 때문이다.

혼자가 아닌 함께하는 꿈

꿈은 혼자만의 것이 아니다. 진정한 꿈 꾸는 자는 자신의 비전을 다른 사람들과 나누고, 함께 그 꿈을 실현해 나갈 팀을 만들어간다.

몇 년 전 팀 프로모션을 도전할 때였다. 처음엔 아무도 관심이 없는 나 혼자만의 목표였지만, 팀원들과 공유하면서 더 큰 꿈이 되었다. 개인의 성공을 넘어 공동체의 번영과 모든 구성원의 행복을 추구한다. 마치 작은 불씨가 큰 불꽃으로 번져 나가듯, 한 사람의 꿈이 여러 사람의 꿈으로 확산해 결국 세상을 바꾸는 힘이 된다.

당신의 꿈은 무엇인가?

오늘 우리는 어떤 꿈을 위해 살고 있는가? 지난주 한 후배가 물었다.

"선배님은 어떤 꿈을 가지고 계세요?"

나는 잠시 생각하고 대답했다.

"우리가 판매하는 상품으로 더 많은 사람들이 행복해지는 거야. 작은 것 같지만, 그게 내 꿈이야."

그 말을 하면서 문득 황가람 가수의 이야기가 떠올랐다. 태권도 선수로 시작했지만, 큰 부상으로 길이 끊어지고 무작정 상경해 노숙하며 버텨낸 시간, 수많은 좌절 속에서도 포기하지 않고 노래를 붙들었던 집념, 누구보다 오랜 어둠 속을 지나왔지만 결국 그는 자신의 인생곡을 만나 반딧불처럼 빛을 내게 되었다.

그의 삶이 보여주듯, 꿈은 크기가 중요한 것이 아니다. 그것을 포기하지 않고 끝까지 지켜내는 마음이 더 중요하다. 그 꿈이 아무리 작고 보잘것없어 보일지라도, 그것을 포기하지 않고 한 걸음씩 실천해 나간다면 언젠가는 세상을 비추는 빛이 될 것이다. 오늘 우리는 어떤 꿈을 위해 살고 있는가? 그리고 그 꿈을 끝까지 지켜낼 용기를 가지고 있는가?

용기 있는 실천가들의 공동체

결국 성공하는 팀은 불가능을 가능으로 만드는 꿈을 함께 품고, 그 꿈을 현실로 만들어가는 용기 있는 실천가들의 공동체다. 당신도 오늘부터 꿈꾸는 자가 되어보라. 작은 것이어도 괜찮다. 불가능해 보여도 괜찮다. 중요한 건 그 꿈을 포기하지 않는 것이다. 그리고 그 꿈을 혼자만 간직하지 말고, 다른 사람들과 나누어라. 당신의 꿈이 다른 사람들의 꿈과 만날 때, 세상을 바꾸는 기적이 시작될 것이다.

＼ 오늘의 꿈 메시지

"당신의 작은 꿈이 누군가에게는 큰 희망이 되고, 그 희망들이 모여 불가능해 보였던 현실을 바꾸는 거대한 물결이 되며, 꿈꾸는 자들만이 세상을 움직일 수 있다."

04
꿈꾸는 확장 리더

"꿈은 미래의 현실이다."

—존 F. 케네디 (John F. Kennedy)

확장은 치밀한 계획이나 완벽한 전략에서 나오는 것이 아니라, 그 무엇보다 큰 꿈에서 시작된다는 것이다. 수많은 기업이 새로운 영역으로 확장하려다 실패하는 것을 보면 그들에게 부족한 것은 자금도, 기술도, 인력도 아닌 바로 확장을 이끌어갈 수 있는 충분히 큰 꿈이었다.

계획만으로는 확장할 수 없다

많은 리더가 확장을 기술적 문제로 접근한다. 시장 분석, 재무 계획, 리스크 관리, 운영 시스템. 물론 이 모든 것이 중요하다. 하지만 진정한 확장은 꿈에서 시작된다.

몇 년 전 한 스타트업 창업자를 개인 컨설팅했을 때의 일이다. 그는 완벽한 사업계획서를 가지고 있었지만, 정작 "왜 이 사업을 하려고 하는가?"라는 질문에는 명확한 답을 하지 못했다. 반면 다른 창업자는 재무 계획은 부족했지만, "내 아이디어로 사람들의 일상을 더 편리하게 만들고 싶다."는 뚜렷한 꿈을 가지고 있었다. 2년 후, 후자의 창업자가 성공적으로 사업을 확장해 나갔다. 꿈이 있는 확장과 없는 확장은 결과가 완전히 다르다.

꿈이 확장의 나침반이 되는 이유

확장은 본질적으로 불확실성과의 싸움이다. 새로운 시장, 새로운 고객, 새로운 경쟁자들. 예측할 수 없는 변수들이 끊임없이 등장한다. 이는 확장 과정에서 리더가 수많은 어려운 결정을 내려야 하기 때문이다. 그럴 때 치밀한 계획보다 더 중요한 것이 바로 꿈이다. 꿈은 불확실한 상황에서 방향을 제시하는 나침반 역할을 한다.

최근 한 개인 창업자의 사업 확장을 도왔을 때였다. 코로나로 인해 모든 계획이 틀어졌다. 타깃 고객층도 변했고, 시장 상황도 완전히 달라졌다. 하지만 그의 "더 많은 사람들에게 도움이 되는 서비스를 만들겠다."는 꿈은 변하지 않았다. 그 꿈을 중심으로 새로운 전략을 세웠고, 결국 성공적으로 사업을 확장할 수 있었다. 꿈은 변화하는 현실 속에서도 흔들리지 않는 중심축이다.

꿈이 확장 리더십을 강화하는 과정

머뭇거리는 순간, 확장은 멈춘다. 꿈이 있어야 비로소 담대하게 확장할 수 있다. 대부분의 리더는 "실패하면 어떻게 할까?"라고 걱정하지만, 확장에 성공하는 리더는 다르게 생각한다. "이 꿈을 실현하지 않으면 더 큰 후회가 남을 것이다." 이것이 바로 꿈 중심 확장 리더십의 본질이다. 작년 한 개인 사업자의 온라인 진출을 도울 때였다. 디지털 전환이라는 새로운 도전이었지만, 그의 "더 많은 고객에게 가치를 전달하고 싶다."는 꿈이 모든 어려움을 극복하게 했다.

큰 꿈이 큰 용기를 만들어냈다.

꿈이 확장 리더십에 필수적인 세 가지 이유

비즈니스 다각화 현장에서 경험한 바에 따르면, 꿈이 확장 리더십에 필수적인 이유는 세 가지다.

첫째, 확장 과정에서 반드시 마주하게 되는 예상치 못한 위기와 장애물 앞에서 꿈이 있는 리더만이 포기하지 않고 새로운 돌파구를 찾을 수 있기 때문이다. 확장은 기존 사업보다 훨씬 많은 불확실성을 동반한다. 시장 진입 장벽, 규제 변화, 경쟁사의 견제 등 예상치 못한 문제들이 계속 발생한다. 이때 단순한 목표만 있다면 쉽게 포기하게 되지만, 큰 꿈이 있으면 다른 방법을 찾게 된다.

몇 년 전 한 프리랜서의 사업 확장을 도왔을 때, 자금 부족으로 원래 계획이 완전히 무산됐다. 다른 사람이라면 포기할 수도 있었 겠지만, 이 창업자는 "내 서비스로 고객들의 문제를 해결한다."는 꿈을 포기하지 않았다. 새로운 비즈니스 모델을 개발했고, 결국 성 공적으로 사업을 확장했다. 꿈이 있으면 막힌 길에서도 새로운 길을 만든다.

둘째, 확장에는 많은 사람들의 협력이 필요한데, 꿈이 있는 리더의 비전에 공감한 내·외부 이해관계자들이 자발적으로 동참하게 되어 혼자서는 불가능한 확장을 가능하게 만들기 때문이다. 확장은 혼자 할 수 있는 일이 아니다. 투자자, 파트너, 직원, 고객 모두의 협력이 필요하다. 사람들은 단순한 사업 계획보다는 감동적인 꿈에 마음을 연다.

작년 한 개인 창업자의 사업 확장을 도왔을 때, 그의 "교육 격차 해소에 기여하겠다."는 꿈이 많은 사람들을 움직였다. 멘토들이 적극적으로 조언해 주었고, 파트너들이 기꺼이 협력했으며, 동료들이 야근을 마다하지 않았다. 큰 꿈이 큰 협력을 끌어낸다.

셋째, 확장은 장기적인 관점에서 접근해야 하는데, 단기적 성과에 흔들리지 않고 지속적으로 투자하고 인내할 수 있는 동력이 바로 꿈에서 나오기 때문이다. 확장은 즉시 결과가 나오지 않는다. 때로는 몇 년간 투자만 하고 적자를 감수해야 하는 기간도 있다. 이때 단순한 목표만으로는 지속하기 어렵지만, 꿈이 있으면 기다릴 수 있다.

최근 컨설팅한 개인 창업자는 2년간 적자를 감수해야 했다. 하지만 그의 "내 제품으로 고객들의 삶을 개선하겠다."는 꿈이 흔들리지 않았다. 3년째가 되어서야 흑자 전환에 성공했고, 지금은 해당 분야의 전문가로 인정받고 있다. 꿈이 있으면 단기적 실패에도 굴복하지 않는다.

꿈의 확장 효과

꿈의 놀라운 점은 그 자체가 확장된다는 것이다. 작은 꿈은 큰 꿈이 되고, 개인의 꿈은 조직의 꿈이 되며, 한 분야의 꿈은 다른 분야로 확산된다. 컨설팅한 한 개인 창업자는 처음에는 단순히 "좋은 서비스를 만들자."는 꿈에서 시작했다. 하지만 성공하면서 꿈도 함께 커졌다. "업계에서 인정받자", "더 많은 지역으로 확장하자", "사회에 기여하는 사업가가 되자"로 발전했다. 그리고 그 꿈에 맞춰 사업도 계속 확장되었다. 큰 꿈을 품은 리더 주변에는 더 큰 기회들이 모여든다.

오늘을 확장하는 꿈의 설계

오늘, 당신의 확장 꿈을 그려보라. 현재의 사업 영역을 넘어서 어떤 임팩트를 만들고 싶은가? 어떤 가치를 세상에 전하고 싶은가? 미뤄왔던 큰 그림을 그려보거나, 팀과 확장 비전을 공유해보거나, 이해관계자들에게 당신의 꿈을 이야기해 보라. 큰 꿈이 큰 확장을 가능하게 만든다.

꿈꾸는 확장 리더가 되어라

확장은 용기 있는 자의 특권이다. 그리고 그 용기는 꿈에서 나온다. 기존의 안전한 영역을 벗어나 새로운 가능성을 탐험하는 것, 불확실한 미래에 과감히 베팅하는 것, 더 큰 가치를 창조하기 위해 위험을 감수하는 것. 이 모든 것이 꿈이 있을 때 가능하다. 당신이 먼저 큰 꿈을 품을 때, 조직 전체가 확장 마인드를 갖기 시작한다. 당신이 보여주는 비전을 통해 새로운 가능성이 열린다. 그리고 그 꿈을 향한 여정 속에서 당신과 당신의 조직은 상상했던 것보다 훨씬 더 큰 성장을 경험하게 될 것이다. 오늘부터 꿈꾸는 확장 리더가 되어 보라. 큰 꿈을 품은 자만이 큰 확장을 이룰 수 있다.

＼ **오늘의 리더 메시지**

"확장의 성공은 치밀한 계획이 아니라 큰 꿈에서 시작된다."

용기

courage

05

하늘을 향한 악셀

"용기는 두려움이 없는 것이 아니라, 두려움보다 더 중요한

것을 선택하는 일이다."

—앰브로스 레드문

절벽 끝에서 만난 진짜 자유

영화 《델마와 루이스》의 마지막 장면. 이들의 미소와 꼭 맞잡은 손, 새처럼 하늘로 날아오른 자동차로 멈춘 엔딩은 아마 누구나 아는 명장면일 것이다. 그 장면을 처음 봤을 때의 충격이 아직도 생생하다. 절벽 앞에서 그들이 선택한 것은 체포도, 항복도 아닌 하늘을 향한 질주였다.

그 순간 나는 깨달았다. 진정한 용기가 무엇인지를. 이 영화는 우리가 겪는 모든 위험과 두려움 속에서도, 결국 무언가를 선택하는 용기의 본질을 일깨운다.

용기는 단순히 무모함이나 두려움의 부재가 아니라, 두려움 속에서도 오직 중요한 무언가를 위해 던지는 결단이다. 그리고 그 결단은 우리를 새로운 하늘로 이끈다.

두려움을 안고 달려가는 힘

용기는 두렵지만 그럼에도 불구하고 그 두려움을 안고도 그 너머를 향해 달려가는 힘이다. 결혼 직후 8년간 해왔던 패션디자이너 일을 그만두고 어린이집을 인수했을 때 일이 떠오른다. 내인생이 휘몰아치듯 변화했던 때이다. 갑자기 닥친 결혼과 임신, 앞으로나는 좀더 안정적인 제2의 일을 시작해야 한다는 것을 직감적으로알았던 것 같다. 내가 가장 잘하고 좋아하는 일이라고 믿으며 20내를 오롯이 열정으로 쏟았던 그 일을 떠나는 것이 무서웠다. 전혀다른 새로운 일을 해내야 한다는 압박감도 두려움이었다. 하지만그보다 더 큰 것은 안정적인 가정을 꾸리고 육아와 함께 동시에 내커리어도 쌓아 갈 수 있는 새로운 일에 대한 열망이었다. 결국 사표를 내고 새로운 일을 시작했다. 쉽지 않았지만, 그 선택을 후회하지않는다. 진정한 성장은 두려움을 인정하는 용기에서 시작되며, 그두려움을 넘어설 때 비로소 어제의 낡은 자신을 초월할 수 있다.

성장의 동력, 용기

성장의 동력은 결국 용기다. 왜?

첫째, 무언가를 지켜내기 위한 힘

나는 좋은 엄마가 되고 싶은 마음과 동시에 '박지현'이라는 한 사람으로서의 성장도 멈추고 싶지 않았다. 최소한 아이가 다섯 살이될 때까지는 엄마가 절대적으로 필요하다고 생각했기에 커리어가중단되는 것에 대한 두려움이 컸다. 고도의 집중력과 창의력이 필요하고 야근이 다반사인 패션 디자이너 일을 하면서는 가족에게집중할 수 없을 것 같아 고민하던 차에 두 가지를 다 얻을 수 있는일이 마치 나를 위해 준비된 것인 것마냥 갑자기 내 앞에 놓였다.

그것은 내가 마땅히 해야 할 내 일이었다. 그래서 바로 행동할 수 있었다.

내 인생 처음인 엄마와 어린이집 원장이라는 어마무시한 일을 말이다. 너무 두려웠다. 하지만 내 꿈을 지켜내고 싶은 간절함이 훨씬 더 컸기에 그 도전은 성공했고, 엄마로서 오롯이 성장하며 동시에 그 동네에서는 대기자가 가장 많은, 평판이 꽤 좋은 어린이집으로 자리 잡을 수 있었다. 게다가 창의적이고 정서적으로 안정된 영유아를 기르는 데 도움이 될 교육과정을 만들어 나가는 한편 직장과 육아의 양립을 고민하는 부모들을 돕는 보람도 꽤 컸다. 이렇게 작지만 사회에 일정한 기여를 하고 있다는 자부심이 내 삶을 더 풍요롭게 만들어주고 있었다. 이때의 경험으로 소중한 것을 지키기 위해 때로는 위험을 감수해야 한다는 것을 체득하게 되었다.

둘째, 새로운 가능성을 여는 열쇠

내가 새로운 일을 시작한다는 두려움으로 어린이집 창업에 도전하지 않았다면 지금의 나로 온전히 있을 수 있었을까? 그때는 '내가 정말 할 수 있을까?'에 대해 스스로에게 물었다. '두려운 게 당연해. 하지만 그 두려움 때문에 포기하면, 평생 후회할 것 같아.' 만약에 '하지 않고 후회할 바에는 그냥 일단 해보자.' 커리어의 정점에서 전혀 새로운 시작으로 내 한계를 넘은 도전은 10년 동안 완전히 전혀 다른 나로 성장하게 했다.

용기는 우리가 상상하지 못했던 가능성의 문을 연다.

셋째, 끝까지 밀고 가는 힘

용기는 자신이 믿는 길을 끝까지 밀고 가는 힘이다. 스티브 잡스가 애플에서 쫓겨났을 때, 그는 포기하지 않았다. 더 큰 꿈을 품고 새로운 회사를 만들었다.

"때로는 인생이 당신의 머리를 벽돌로 때릴 것입니다. 하지만 믿음을 잃지 마세요." 그의 말처럼, 진정한 용기는 한 번의 실패로 멈추지 않는다. 믿는 길이 있다면 끝까지 가는 것, 그것이 용기다.

하늘을 향한 가속

이처럼 용기는 두려움을 뒤로하고 무언가를 마음속에 품고 달려가는 행동 그 자체이며, 결국 우리의 한계를 뛰어넘는 열쇠다. 용기 있는 자만이 하늘을 향해 발걸음을 내디딘다. 용기는 두려움이라는 그림자를 등지고, 하늘을 향해 속도를 내는 연료다. 비록 그 너머, 절벽이더라도 그 끝에 펼쳐질 광경이 내가 닿고자 하는 목적지라 믿는다면, 이미 우리는 날고 있는 것이다.

그들이 본 풍경

델마와 루이스가 두려움을 안고 용기 내 날아간 그 하늘의 끝은 어떤 풍경이었을까? 그들은 무얼 보았을까? 아마 어떤 목적지 같은 건 아니었을 것이다. 그들은 마침내 진정한 자신을 찾은 끝에 그들 안에서 비로소 퍼져 나온 빛 그 자체가 아니었을까?

고소공포증이 있는 내가 수년 전 아이들의 요청에 어쩔 수 없이 번지 점프 비슷한 놀이기구를 탄 적이 있다. 덜덜 떨리는 다리와 미친 듯이 날뛰는 내 심장은 당장이라도 죽을 것 같았지만, 뛰어내린 순간 모든 두려움은 사라지고 벅찬 자유를 만끽할 수 있었다. 그 순간 나는 떨어지는 것이 아니라 나는 날고 있었다. 그때 깨달았다. 용기는 떨어지는 것이 아니라 나는 것이라는 걸.

당신의 하늘은?

당신에게도 델마와 루이스의 순간이 올 것이다. 두려움과 마주해야 하는 순간, 선택해야 하는 갈림길에서. 그때 기억하라. 용기는 두려움이 없는 것이 아니라, 두려움보다 더 중요한 것을 선택하는 일이라는 것을. 오늘부터 작은 용기를 내어보라. 하고 싶었던 말을 해보고, 미뤄왔던 도전을 시작해 보라. 당신의 용기가 새로운 하늘을 열 것이다. 그 하늘 끝에서 당신도 진정한 자신의 빛을 발견하게 될 것이다.

↘ 오늘의 리더 메시지

"당신의 두려움이 클수록 그 너머에 있는 가능성도 크고, 용기 내어 한 걸음 내딛는 순간 이미 당신은 하늘을 날고 있으며, 그 끝에서 진정한 자신을 만나게 된다."

06

행동이 만든 성장의 기록

> "생각만으로는 아무것도 변하지 않는다."
>
> —브라이언 트레이시,《행동하지 않으면 인생은 바뀌지 않는다》

변화의 씨앗은 행동

머릿속 생각이 아무리 훌륭해도, 인생을 바꾸는 것은 결국 '행동'이다. 행동은 나를 움직이게 하고, 움직임은 새로운 경험을 만들며, 그 경험이 삶을 변화시키는 씨앗이 된다. 행동은 성장의 첫걸음이자, 인생을 바꾸는 가장 확실한 시작이다.

몇 년 전 인스타그램을 시작하며 어떻게 해야 할지 막막했던 즈음, 새벽 5시 즘에 들어오면 기초를 가르쳐준다는 분의 피드를 우연히 보고 용기를 내서 DM을 보내 단톡방에 초대받고 큰맘 먹고 알람을 해두고 일어나 새벽 강의를 듣게 되었는데 그때 모인 낯선 분들과 급 북클럽을 결성하게 되었고 지금까지 진행하고 있다.

나만의 공부 시간과 독서 시간을 확보하고 싶었으나 일과 후엔 이런저런 일들로 나만의 시간 만들기가 어려웠고 평생 야행성으로 살아 새벽 기상도 쉽지 않아 고민하던 차에 습관을 바꾸는 도전으로 새벽 북클럽에 참여하기로 결정했고 처음엔 주말 새벽 시간을 북클럽과 함께하며 새벽 기상을 습관화했고 이후 평일 북클럽도 추가하게 되었다. 그때 나는 깨달았다. 완벽한 계획보다 실행이 더 값지다는 것을.

'궁금한 건 직접 해보자'

나는 항상 '궁금한 건 직접 해보자'는 철학을 가지고 살아왔다. 무언가 끌리면 관련된 책을 읽고, 사람을 만나고, 직접 부딪혀본다. 그것이 나에게 확장과 연결의 삶을 열어주었다.

팬데믹 기간 중 외부 활동이 자유롭지 못하던 시절 나는 온라인 대학에 들어가 공부하며 다양한 커뮤니티에 속해 활동한 경험이 있다. 관심사 주제의 단톡방들이 만들어졌고 나는 몇 가지 관심사 단톡방에 들어갔고 그 안에서 매일 올라오는 관련 정보들을 보고 멤버들과 소통하며 가랑비에 옷 젖듯이 관심 분야에 대해 자연스럽게 배우고 성장하게 되었다. 행동하지 않았다면 절대 얻을 수 없었던 결과였다.

어떤 분야에 관심이 생기면 우선 그 분야의 책을 읽거나 그 분야에서 성공한 사람들을 만나보고 그 분야에서 활동하는 사람들이 모여 있는 커뮤니티를 찾아 단체 톡에 들어가 보라!

낯선 것들이 준 선물

새로운 일, 낯선 사람, 익숙하지 않은 분야… 그 여정 속에서 처음엔 낯설고 두려웠지만, 도전은 새로운 길을 만들고 다양한 사람들과 연결되고 내 시야를 넓히고 새로운 나를 만나게 해주었다. 행동은 언제나 나를 더 깊고 넓은 세계로 이끌었다.

나의 다양한 분야에 대한 지적 호기심과 관심은 다양한 분야에서의 일과 경험으로 이어졌고 사람을 통해 또 다른 분야와 연결되었다. 그때마다 어린아이와 같은 호기심으로 초심자의 배움의 자세로 용기를 내어 새로운 시작을 주저하지 않았다. 덕분에 경험 자산과 사람 자산이 쌓이면서 이해와 통찰의 폭을 넓혀갈 수 있게 되었고 거시적인 안목을 가질 수 있게 되었다. 도전은 언제나 남는 장사이다.

행동 중심 인생의 세 가지 이유

내 삶의 철학이 행동 중심으로 세워졌다고 말할 수 있는 이유는 세 가지다.

첫째, 호기심을 현실로 끌어당기는 힘

행동은 나의 호기심을 현실로 끌어당긴다. 어느 날 AI에 대해 궁금해졌다. 책만 읽지 않고 직접 관련 강의를 들었고, 개발자들을 만났고, 작은 프로젝트에 참여해 봤다. 그 결과 우리 팀에 AI 기술을 도입할 수 있게 되었고, 업무 효율이 크게 향상되었다. 궁금함을 행동으로 옮겼기 때문에 가능한 일이었다.

둘째, 시야를 넓히고 가능성을 여는 문

도전은 나의 시야를 넓히고 새로운 가능성을 열어준다. 몇 년 전 해외 콘퍼런스에 참석한 적이 있다. 영어도 부족하고 비용도 부담스러웠지만, 일정을 바꿔 과감히 참여했다. 그곳에서 만난 사람들과 네트워크가 지금까지도 큰 도움이 되고 있다. 새로운 프로젝트 기회도 그때 만난 인연을 통해 얻었다. 행동하지 않았다면 절대 만날 수 없었던 기회들이었다.

셋째, 나눔으로 더 깊어지는 배움

배움은 나만의 것이 아니라 나눌 때 더 깊어진다. 새로운 기술을 배우면 팀원들과 공유하고, 좋은 책을 읽으면 독서 모임을 만들어 함께 토론한다. 놀라운 것은 가르치는 과정에서 내가 더 많이 배운다는 점이다. 다른 사람의 질문을 통해 내가 놓쳤던 부분을 발견하게 된다. 나눔은 배움을 완성하는 마지막 단계다.

예술가에서 웰니스 리더로

예술가를 꿈꾸며 미술을 전공하던 나는 사람들의 감정에 닿는 그림을 그리고 싶었다. 그래서 다양한 표현 매체의 연구와 더불어 인간 심리와 다양한 분야에도 관심을 가졌고, 다른 세계의 사람들과 연결되기를 주저하지 않았다.

지인을 통해 연결된 미술 정보를 다루는 IT회사에서 컴퓨터와 다양한 프로그램들을 접하면서 표현의 도구로서 디지털미디어의 예술적 가능성을 보았고 자연스럽게 영상매체와 인터액티브 미디어아트를 공부하며 그 모든 것이 결집된 게임개발업계로 들어가게 되었다.

그러나 출산과 쌍둥이 육아 문제로 퇴직 후 프리랜서 디자이너와 아트디렉터로 일과 육아를 병행하던 중 부모님의 암 투병을 계기로 일중독에 가까운 삶을 살던 나는 새삼스럽게 행복의 필수 조건이자 최고 가치인 건강의 중요성과 삶의 유한함을 깊이 깨달았다.

그때 나는 또 다른 낯선 길을 만났다. 지금은 몸과 마음의 건강을 챙기는 라이프스타일을 제안하는 웰니스 커뮤니티 리더로 활동하고 있으며 그 안에서 끊임없이 배우고 나누며 성장하고 있다. 나는 지금도 '배워서 남주자'는 마음으로 먼저 배우고 경험한 것을 나누고자 한다.

인생에는 다양한 길이 있다. 하나의 길이 닫히면 또 다른 길이 열린다. 다른 길로 가게 되더라도 지나온 경험은 지혜가 된다. 쓸모없는 배움과 쓸데없는 경험은 없으니 두려워하지 말고 용기 내어 행동하자!

1%의 기적

배움은 나를 키우고, 나눔은 우리를 성장시킨다.《행동하지 않으면 인생은 바뀌지 않는다》의 저자 브라이언 트레이시는 말한다.

"1%의 성장이 쌓이면 인생 전체가 달라진다."

매일 조금이라도 새로운 것을 시도하고, 배우고, 나누다 보면 1년 후의 나는 완전히 다른 사람이 되어 있다. 작년 이맘때와 지금의 나를 비교해 보면 정말 많이 달라졌다. 새로운 기술을 익혔고, 새로운 사람들을 만났고, 새로운 프로젝트를 성공시켰다. 모든 것은 작은 행동에서 시작되었다.

매일의 선택이 만드는 변화

행동은 단지 '움직임'이 아니라, 인생 전체를 바꾸는 원동력이다. 그리고 그 행동을 통해 얻게 된 경험들은 결국 나를 나답게 만들어 주는 본질적인 자산이다. 성장은 거창한 변화가 아니라, 매일의 선택, 매일의 태도, 매일의 실천에서 비롯된다.

오늘 하루의 소중함

오늘 하루, 조금 더 용기 내어 움직이고, 조금 더 따뜻하게 나누고, 조금 더 충만하게 살아갈 수 있다면, 우리는 분명 성장하고 있는 것이다. 인생은 유한하기에, 오늘 하루가 더 소중하게 느껴진다. 주어진 하루를 감사히 여기며 오늘도 나는 걱정보다 행동을, 혼자보다 함께 성장하는 길을 선택한다. 결국 성공하는 팀은 '머무는 팀'이 아니라, '움직이는 팀'이다.

움직임은 곧 배움이고, 배움은 나눔이 되고, 나눔은 성장이 된다. 그리고 이 모든 것은 바로 지금, 나의 '행동'에서 시작된다. 당신도 오늘부터 작은 행동을 시작해 보라. 궁금했던 것을 직접 해보고, 미뤄왔던 도전을 시작하고, 배운 것을 다른 사람과 나누어 보라. 그 작은 행동들이 모여 당신의 인생을 완전히 바꿔놓을 것이다.

↘ 오늘의 리더 메시지

"당신의 작은 행동 하나가 새로운 가능성의 문을 열고, 그 경험이 쌓여 완전히 다른 인생을 만들며, 오늘의 용기 있는 한 걸음이 내일의 기적이 된다."

07

A Star is Born—용기를 끌어내는 힘

> "용기는 두려움이 없는 것이 아니라, 두려움에도 불구하고
> 행동하는 것이다."
>
> ―넬슨 만델라

무대 뒤에서 무대 위로

재능은 있지만 무명 가수였던 앨리가 유명 뮤지션 잭슨을 만나 꿈을 향해 도전하는 영화 《A Star is Born》에서 인상적인 장면이 있다. 잭슨이 본인의 공연 중 무대 뒤에서 지켜보던 앨리를 예정 없이 무대로 끌어내는 장면이다.

그 순간을 지켜보며 나는 앨리의 마음이 느껴졌다. 큰 무대에 대한 두려움, 수많은 관객 앞에서 노래해야 한다는 공포. 하지만 동시에 꿈을 향한 간절함도 있었을 것이다. 앨리에게는 큰 무대에 대한 두려움이 있었을 텐데 결국 잭슨의 이끌어주는 힘과 앨리의 용기로 큰 무대에서 자신의 목소리를 낼 수 있었다.

그 장면을 보며 나는 감정이입이 되어 앨리의 공포와 두려움이 느껴졌고, 또한 앨리가 완성해 낸 무대에 박수를 보내며 대리 희열

을 느꼈다.

나의 무대 경험

그 장면이 특히 와 닿았던 이유는 나에게도 비슷한 경험이 있었기 때문이다. 몇 년 전 회사 프레젠테이션 기회가 주어졌고 인생에서 그때처럼 큰 긴장감을 느꼈던 적 없었던 것 같다. 심장이 밖으로 튀어나올 것 같은 떨림과 잘 못해낼까 싶은 두려움이 말도 못 했었다. 손은 떨렸고, 목소리도 나오지 않을 것 같았다. 그때 함께하는 동료와 선배들이 조용히 말했다.

"괜찮아. 네가 할 수 있어. 내가 믿어."

그 한 마디에 용기가 생겼다. 떨리는 마음을 억누르고 무대에 올랐다. 완벽하지는 않았지만, 내 이야기를 전할 수 있었다. 그 경험을 통해 깨달았다. 용기는 혼자 내는 것이 아니라 누군가의 믿음과 지지 속에서 피어나는 것이라는 걸.

두려움과 공존하는 용기

이처럼 용기에는 두려움과 공포가 공존한다. 이때 나를 아껴주고 사랑해 주는 누군가가 조력자가 되어 나의 용기를 끌어내어 주는 게 너무 소중하고 힘이 된다. 영화 속 잭슨이 앨리에게 해준 것처럼, 때로는 누군가의 손길이 필요하다. 등을 떠밀어주는 것이 아니라 함께 서서 "괜찮다, 네가 할 수 있어"라고 말해주는 사람.

사랑하는 사람의 눈빛

이 장면은 내게 큰 여운으로 남아있다. 사랑하는 사람의 눈빛과 믿음으로 용기를 내고 도전해 보는 앨리가 너무나 사랑스럽고 대견했다. 그 눈빛 속에는 "너는 할 수 있어", "나는 너를 믿어", "실패해도 괜찮아"라는 메시지가 담겨 있었다.

"하고 싶은 대로 해요. 다 잘해. 할 수 있어"라고 말해주는 내 편, 내 동료들이 있어 오늘도 용기 내어 적어본다. "나는 할 수 있어."

얕은 곳에서 벗어나기

영화 속 노래 가사처럼, 우리는 모두 "얕은 곳"에 머물고 싶어 한다. 안전하고 편안한 곳에서. 하지만 진정한 성장은 깊은 곳으로 뛰어들 때 일어난다. 두려움을 무릅쓰고 새로운 도전을 받아들일 때.

앨리가 무대에 올라 노래를 부른 순간, 그녀는 이미 "얕은 곳"을 벗어났다. 수많은 관객 앞에서 자신의 진짜 모습을 보여준 것이다. 그 순간 그녀는 무명 가수에서 진짜 아티스트가 되었다.

누군가의 잭슨이 되기

우리 모두에게는 앨리의 순간이 온다. 두려움과 기회가 동시에 찾아오는 순간. 그때 중요한 것은 나 혼자가 아니라는 것을 아는 것이다. 누군가가 나를 믿어주고 있고, 나와 함께 그 무대에 서려고 한다는 것을. 그리고 나 역시 누군가의 잭슨이 될 수 있다. 두려워하는 사람의 손을 잡고 함께 무대로 나아갈 수 있다. 용기는 전염된다. 한 사람의 용기가 다른 사람의 용기를 불러일으킨다.

오늘의 무대

당신에게도 오늘 무대가 있을 것이다. 크든 작든, 많은 사람 앞이든 혼자든, 당신만의 무대에서 당신만의 노래를 불러야 하는 순간. 그때 기억하라. 당신은 혼자가 아니라는 것을. 당신을 믿어주는 사람들이 있다는 것을. 그리고 두려움이 있어도 괜찮다는 것을. 용기는 두려움이 없는 것이 아니라, 두려움에도 불구하고 한 걸음 내딛는 것이니까. 오늘 당신도 얕은 곳을 벗어나 깊은 곳으로 뛰어들어 보라. 그곳에서 진짜 당신을 만나게 될 것이다.

"당신의 두려움보다 더 큰 것은 당신을 믿어주는 사람들의 사랑이고, 그 사랑을 받은 용기로 한 걸음 내딛는 순간 당신도 누군가의 별이 될 수 있다."

08
먼저 움직이는 사람

> "행동은 모든 성공의 기본 열쇠이다."
>
> —파블로 피카소(Pablo Picasso)

망설이고 있는 당신에게

당신은 지금 무엇을 망설이고 있는가? 완벽한 계획이 세워지기를 기다리고 있는가? 아니면 실패에 대한 두려움 때문에 한 걸음도 내딛지 못하고 있는가?

어느 날 회의실에서 목격한 장면이 있다. 중요한 프로젝트를 앞두고 모든 팀원이 "누가 먼저 시작할까?"라며 서로를 바라보고 있었다. 그때 막내 직원이 조용히 일어나서 말했다.

"제가 먼저 해볼게요. 완벽하지 않아도 시작은 해야지요."

그 한 마디에 전체 분위기가 바뀌었다. 모든 사람이 움직이기 시작했다.

세상이 기다리는 진짜 리더

리더는 방향을 말하는 사람이라고 흔히 이야기한다. 하지만 세상이 진짜 기다리는 것은 말하는 리더가 아니다. 먼저 움직이는 사람이다. 말만 하는 사람이 아니라 몸으로 보여주는 사람, 생각만 많은 사람이 아니라 기꺼이 책임지고 행동하는 사람 말이다.

변화를 만드는 것은 행동이다

변화는 다짐이 아니라 행동이 만든다. 이 단순하지만 강력한 진리를 우리는 모두 알고 있다. 그런데 왜 멈춰 서 있을까? 실패가 무서워서, 사람들의 시선이 부담스러워서, '아직 준비가 되지 않았다'는 핑계로 계속해서 결심만 반복하고 있지는 않은가?

작년 우리 팀에서 새로운 시스템 도입을 논의할 때였다. 모든 사람이 "좋은 아이디어다."라고 했지만, 어느 누구도 선뜻 실행에 옮기지 않았다. 확신이 부족했기 때문이다. 그때 한 팀원이 말했다. "그냥 해보죠. 작게라도 시작해 보면 어떨까요?" 그렇게 시작된 작은 도전이 6개월 후 전사적인 혁신으로 이어졌다. 시작하지 않으면 아무것도 바뀌지 않는다.

먼저 움직이는 것이 리더십인 세 가지 이유

첫째, 작은 행동이 만드는 큰 변화.

리더의 작은 행동 하나가 주저앉은 사람을 일으키고 흩어진 팀을 다시 하나로 모으는 강력한 동력이 된다. 최근 팀 분위기가 좋지 않았을 때가 있었다. 업무량은 많은데 성과는 나오지 않아서 모든 사람이 지쳐 있었다.

그때 나는 작은 행동을 시작했다. 매일 아침 팀원들에게 개별적으로 안부를 묻기 시작했다. 그리고 힘들어하는 사람이 있으면 함께 해결책을 찾았다. 한 달 후, 팀 분위기는 완전히 바뀌어 있었다. 작은 관심이 큰 변화를 만들었다.

둘째, 행동하지 않으면 아무도 따르지 않는다.

행동하지 않으면 인생은 바뀌지 않고 리더가 움직이지 않으면 누구도 따르지 않는다는 명확한 원리가 있다. 어느 날 한 리더가 "우리는 더 적극적으로 일해야 한다."고 말했다. 하지만 정작 그 자신은 예전과 똑같이 일했다. 결과는? 아무도 변하지 않았다. 반면 다른 리더는 말 대신 행동으로 보여줬다. 직접 새로운 업무 방식을 시도하고, 실패하면 다시 도전했다. 그의 팀은 자연스럽게 따라 하기 시작했다.

셋째, 한 사람의 용기가 조직을 밝힌다.

한 사람의 용기 있는 행동이 팀 전체를 밝히고 그 걸음이 조직의 방향 자체가 된다. 코로나19로 모든 것이 불확실했던 시기, 어느 한 그룹리더 대표의 이야기가 기억난다. 모든 사람이 "어떻게 될지 모르겠다."며 걱정할 때, 그는 먼저 움직였다. 팀원들의 안전을 위해 재택근무 시스템을 구축하고, 온라인 서비스로 사업 모델을 바꿨다. 그의 용기 있는 결정이 회사를 위기에서 구했다.

특별한 능력이 아닌 용기

당신에게 말하고 싶다. 리더십이란 특별한 능력을 지닌 사람이 아니다. 그것은 두려움을 품은 채로도 앞으로 나아갈 수 있는 용기다. 결심만으로는 아무것도 바뀌지 않는다. 지금, 작게라도 행동해야 한다. 완벽하지 않아도 괜찮다. 정답이 없어도 괜찮다. 지금 할 수 있는 작은 행동 하나를 선택하는 것, 그것이 바로 리더의 몫이다.

최근 신입 팀원 한 명이 좋은 아이디어를 냈지만 "제가 말해도 될까요?"라며 망설이고 있었다. 나는 그에게 말했다. "완벽할 필요

없어. 일단 말해봐. 그게 시작이야." 그 작은 용기가 팀 전체에 새로운 에너지를 불어넣었다.

기적의 시작

그 한 걸음이 변화의 시작이 되고, 그 용기가 다른 사람들에게 희망을 전하며, 그 움직임이 팀 전체의 에너지를 깨운다. 세상은 완벽한 계획보다 진심으로 움직이는 사람 한 명을 기다린다. 지금, 당신이 먼저 움직여라. 그 용기 있는 발걸음이 조직의 미래를 결정할 것이다.

오늘부터 시작하는 작은 행동

오늘 당신이 할 수 있는 작은 행동은 무엇인가? 미뤄왔던 전화한 통을 걸어보거나, 망설였던 제안을 해보거나, 힘들어하는 동료에게 말을 걸어보는 것. 그 작은 행동 하나가 모든 것을 바꿀 수 있다. 결국 성공하는 팀은 말 많은 리더가 아니라, 두려움 속에서도 먼저 한 걸음을 내딛는 용기 있는 리더가 만들어낸다. 당신의 그 한 걸음이 기적의 시작이다. 더 이상 망설이지 마라. 지금 바로 움직여라. 당신이 기다리던 완벽한 순간은 오지 않는다. 지금이 바로 그 순간이다.

"당신의 작은 한 걸음이 정체된 팀을 움직이게 하고, 그 움직임이 변화의 물결을 만들며, 먼저 움직인 용기가 모든 사람에게 희망을 전해준다."

배려

consideration

09

왜 나는 참기만 했을까

"자신을 사랑하지 않고는 타인을 사랑할 수 없다."

—부처

착한 사람의 착각

나는 오랫동안 '배려'라는 말을 다른 사람을 먼저 생각하고, 나를 조금 뒤로 미루는 것이라고 믿어왔다. 가족을 위해, 동료를 위해, 친구를 위해 언제나 웃으며 괜찮다고 말하는 것. 조금 힘들어도 참고 넘어가는 것. 그게 배려인 줄 알았다.

어릴 때부터 들어온 말이 있었다. "너는 참 착하구나." "너는 참 배려심이 많은 사람이구나." 그 말들을 그대로 믿고 살았다. 회사에서도, 가정에서도, 친구들과 관계에서도. 누군가 무리한 부탁을 해도 "할게"라고 했고, 사람들과 무언가의 의사결정을 할 때도 "나는 괜찮아"라고 했다. 그게 상대방을 배려하는 사람의 모습이라고 생각했다.

점점 지쳐가는 내 안의 마음들… 하지만 시간이 흐르면서 알게 되었다. 그렇게 애써 맞춰 주기만 할 때 정작 나는 내 안에서 점점 지쳐가고 있었다는 것을. 어느 날 밤, 혼자 늦은 시간까지 분주하게 정신없이 이것저것 해나가는가를 발견했다. 그때 문득 거울에 비친 내 모습을 봤다. 피로에 지친 얼굴, 무기력한 눈빛.

"내가 왜 이렇게 살고 있지?"

그 순간 깨달았다. 참는 것이 사랑이 아니고, 침묵이 항상 좋은 선택은 아니라는 것을.

진짜 배려의 발견

진짜 배려는 나 자신을 먼저 살피고 돌보는 것에서 시작된다는 것을 조금씩 배우고 있다. 몇 달 전, 야간 근무가 이어지던 주였다. 몸도 마음도 이미 한계에 가까웠다. 그런데 한 선배님께서 대신 맡아달라며 업무를 부탁했다. 예전 같았으면 피곤해도 "알겠습니다." 라고 했을 것이다. 집에 가면 아이들 챙겨야 하고, 잠은 늘 부족했지만 그래도 '괜찮은 사람'이고 싶어서 늘 그렇게 말했다. 하지만 그날은 달랐다.

"미안해요. 이번 주는 제가 많이 지쳐 있어서. 이번엔 조금 힘들 것 같아요."

말을 꺼내는 데 마음이 무거웠다. 혹시 이기적으로 보이지 않을까 걱정도 됐다. 하지만 예상과 달리, 그 선배님은 고개를 끄덕이며 이해해 주셨다. 그날 나는 처음으로 알았다. 나를 지키는 선택이 관계를 무너뜨리는 게 아니라는 걸. 내가 충분히 쉬고, 내 마음이 단단할 때 비로소 다른 사람의 어려움에도 더 깊이 공감할 수 있다는 것을.

균형 잡힌 배려의 지혜

이제는 세상을 살면서 '배려'란 상대를 위한 진실한 마음과 나 자신을 최우선으로 위하는 마음이 함께 있어야 한다고 느낀다. 상대를 존중하면서도, 내 마음도 지키는 것. 내가 지치지 않아야 오래 관계를 지속할 수 있다는 것을 이제는 안다.

어느 날 근무 중 있었던 일이다. 한 동료가 바쁜 상황 속에서 내 실수를 지적하며 날카롭게 말한 적이 있었다. 예전 같았으면 그냥 고개를 끄덕이며 넘어갔을 것이다. 하지만 이번에는 다르게 말했다. "그 말씀은 제가 보완하겠습니다. 다만 조금만 차분하게 말씀해 주시면 더 도움이 될 것 같아요."

그 말을 하고 나니 마음이 오히려 편해졌다. 상대도 표정을 누그러뜨렸다. 나는 처음으로 '참는 대신 존중을 요청하는 것'이 진짜 배려일지도 모른다고 느꼈다.

용기 있는 솔직함

누군가의 말에 상처받았을 때, 그냥 참아 넘기기보다는 내가 느낀 감정을 솔직하게 말해볼 용기를 내는 것. 그 또한 배려가 아닐까? 상대와 나, 둘 다를 존중하는 마음이라는 것을. 상대방이 나와 같은 마음을 가진 사람이라면, 진심은 결국 통한다는 말도 있으니 말이다.

나다운 성공의 정의

어쩌면 나에게 성공이란 세상 모두에게 잘 보이는 모습이 아니라, 내가 나에게 부끄럽지 않은 하루하루를 쌓아가는 것일지 모른다. 내 마음에 솔직하고, 필요한 말은 용기 내어 전하고, 상대의 마음도 조심스레 헤아릴 줄 아는 것. 그런 날들이 모이면 자연스럽게 나다운 성공, 내가 원하는 삶의 모습이 만들어질 거라 믿는다.

진정한 배려의 의미

배려는 단순히 착해지려고 애쓰는 것이 아니다. 배려는 자신을 먼저 지키면서 사람들과 조화를 이루어 살아가는 지혜다. 나만 참거나, 누구만을 위해 희생하는 것이 아니라, 서로를 존중하며 함께 잘 살아가려는 마음에서 비롯된다.

어느 날 후배가 물었다. "선배님은 어떻게 그렇게 많은 사람들과 잘 지내세요?"

나는 웃으며 대답했다. "내가 나를 소중하게 여기니까, 자연스럽게 상대방도 소중하게 여겨지니 그렇게 되는 것 같아."

스스로에게 던지는 질문

오늘, 잠시 멈춰서 스스로에게 물어봐 달라.

"나는 나를 존중하며, 사람들과 조화를 이루고 있는가?"

이 질문에 조금씩 '예'라고 답할 수 있다면, 그것만으로 당신은 충분히 잘 살아가고 있는 것이다.

따뜻한 격려

이 세상을 살아가는 멋진 분들과 나 스스로에게 말해주고 싶다. 잘하고 있어, 지금까지 잘해온 거야. 완벽하지 않아도 괜찮다. 때로는 실수해도 괜찮다. 중요한 건 자신을 사랑하면서 동시에 다른 사람도 배려할 줄 아는 마음이다. 그 균형을 찾아가는 여정 자체가 이미 충분히 의미 있고 아름답다. 당신도, 나도, 우리 모두 잘하고 있다.

＼ 오늘의 리더 메시지

"진정한 배려는 자신을 희생하는 것이 아니라 자신을 사랑하는 것에서 시작되고, 그 사랑이 넘쳐서 다른 사람에게 까지 흘러갈 때 비로소 완성된다.

10

배려의 기술: 성과를 이끄는 진정한 힘

> "사람은 자기를 이해해주는 사람 앞에서만 마음을 연다."
>
> —무라카미 하루키

마음의 문을 여는 열쇠

무라카미 하루키의 이 통찰력 있는 말은 인간관계의 본질을 정확히 짚어낸다. 사람의 마음은 자신을 진정으로 이해해 주는 이에게만 열리는 비밀의 방과 같다. 그리고 이 마음의 문을 여는 열쇠는 다름 아닌 '배려'다.

얼마 전 회사에서 있었던 일이다. 새로 온 팀원이 계속 위축되어 있었다. 능력은 뛰어났지만 적극적으로 의견을 내지 못했다. 어느 날 그와 개별 미팅을 가졌다. 커피를 마시며 "요즘 어때요? 힘든 점은 없나요?"라고 물었다.

그 순간 그의 표정이 확 밝아졌다.

"사실 아이디어는 많은데, 혹시 잘못된 말을 할까 봐 걱정됐어요."

그날부터 그는 완전히 달라졌다. 적극적으로 의견을 내기 시작했고, 팀의 핵심 멤버가 되었다.

배려, 성과의 시작점

성과를 창출하는 데 있어 흔히 기술적 역량, 전문성, 또는 전략적 사고를 우선시하는 경향이 있다. 그러나 진정한 성과의 시작점은 사실 훨씬 더 근본적인 곳에 있다. 바로 '탁월한 배려'에서다. 성과를 부르는 진짜 기술은 탁월한 배려에서 시작된다. 왜 그럴까?

배려가 성과로 이어지는 세 가지 이유

첫째, 배려는 신뢰를 쌓는 가장 빠른 방법이다.

신뢰는 모든 관계의 기반이다. 상대방을 진심으로 배려할 때, 우리는 자연스럽게 신뢰의 다리를 놓게 된다. 중요한 프로젝트에서 큰 실수가 발생한 팀이 위기를 직면하게 될 때 리더의 말 한 마디로 봄바람이 불어오는 따뜻함을 느낄 수 있다.

"실수는 누구나 할 수 있어. 중요한 건 함께 해결하는 거야."

이런 말 한 마디로 팀원들은 더욱 열심히 일하면서 실수를 두려워하지 않게 된다.

신뢰가 형성된 팀에서는 아이디어가 자유롭게 오가고, 실수를 두려워하지 않으며, 서로의 강점을 믿고 의지한다. 이러한 환경에서 혁신과 성과는 자연스럽게 따라온다.

둘째, 배려는 협업을 부드럽게 만든다.

배려는 상대의 관점을 존중하는 것에서 시작된다. 만약 회사에서 팀의 의견 충돌이 있었다고 보자. 마케팅팀은 빠른 출시를, 개발팀은 완성도 높은 제품을 원해 회의가 격해지려는 순간, 리더는 양쪽의 처지를 정리해서 말해야 한다.

"마케팅팀은 시장 기회를 놓치지 않으려 하고, 개발팀은 고객에게 최고의 경험을 주려는 거네. 둘 다 회사를 위한 마음이죠."

그 말 한 마디로 분위기가 바뀌었다. 서로의 처지를 이해하게 되면서 더 나은 해결책을 찾을 수 있다.

다른 사람의 생각과 감정을 인정하고 귀 기울일 때, 갈등은 줄어들고 협업은 더욱 원활해진다. 서로 다른 관점이 하나로 어우러져 더 풍부하고 창의적인 해결책을 만들어내는 것, 이것이 바로 배려가 주는 협업의 힘이다.

셋째. 배려는 감정 지능을 높여 팀 전체의 분위기를 좌우한다.

배려하는 마음을 기르면 자연스럽게 감정을 다루는 능력이 향상된다. 팀원이 개인적인 문제로 힘들어하고 있다면 업무에도 집중하지 못할 것이다. 물론, 업무에 사사를 끌어들이면 안 된다고 하지만, 팀원과 따로 시간을 내어 이야기를 들어주는 배려 덕분에 더 수월하게 문제를 해결할 수 있고, 더욱 감사한 마음으로 일할 수 있다.

자신과 타인의 감정을 이해하고 적절히 대응할 수 있는 사람이 많을수록, 팀의 분위기는 더 긍정적이고 성과 지향적으로 변화한다. 이러한 분위기는 팀원들의 동기부여와 창의성을 높이는 원동력이 된다.

배려의 연쇄 반응

결국, 일은 사람이 하는 것이고, 사람은 마음으로 움직인다.

아무리 뛰어난 전략과 계획이 있더라도, 그것을 실행하는 사람들의 마음이 함께하지 않는다면 성과는 제한적일 수밖에 없다. 반면, 서로를 배려하고 존중하는 문화 속에서는 구성원들이 자발적으로 최선을 다하게 되고, 이것이 곧 탁월한 성과로 이어진다.

"특별한 전략은 없었어요. 그냥 서로를 배려했을 뿐이에요."

이런 말이 오가는 문화를 만들어야 한다.

오늘부터 시작하는 배려

오늘부터 작은 배려를 실천해 보자. 동료의 말을 끝까지 들어주자. 힘들어하는 팀원에게 관심을 보이자. 작은 성공도 함께 축하하자. 배려는 선택이 아닌 필수다. 성과를 이끄는 진정한 힘, 그것은 바로 배려에서 시작된다.

＼ 오늘의 리더 메시지

"당신의 진심 어린 배려가 누군가의 마음을 열고, 그 열린 마음이 팀의 신뢰를 만들며, 그 신뢰가 모든 것을 가능하게 하는 성과의 원동력이 된다."

11

빠꾸해라—단호함 속에 숨은 배려의 리더십

> "진정한 친구는 당신이 듣고 싶어 하는 말이 아니라, 들어야
> 할 말을 해준다."
>
> —작자미상

드라마 〈폭싹 속았수다〉에서 관식이가 딸에게 늘 하는 말이다. "빠꾸해라." 단호하지만 이 말은 명령이 아닌 딸이 상처받지 않도록 미리 길을 막아주는 방패 같은 말이다. 배려의 리더십은 무조건적인 따뜻함이 아니라 때론 단호함으로 표현되기도 한다.

따뜻함만으로는 진짜 배려가 될 수 없다

많은 리더가 배려를 따뜻한 말과 친절한 태도로만 생각한다. "괜찮다.", "천천히 해도 돼", "네가 하고 싶은 대로 해." 하지만 이런 무조건적 따뜻함이 때로는 독이 될 수 있다. 진정한 배려는 때로 단호한 "빠꾸"를 말할 줄 아는 용기다.

몇 년 전 한 팀원이 자기 역량을 넘어서는 일에 도전하려 할 때였다. 분위기는 격려하는 쪽이었지만, 나는 솔직하게 말했다.

"도전은 좋지만, 성취 후에 뭘 얻을 것인지가 보이지 않아."

돌이켜보니 이건 드라마 속 관식이의 '빠꾸해라'와 같은 맥락이었다. 겉보기엔 냉정해 보이지만 사실은 상대방을 진심으로 생각한 조언이었던 것이다. 진짜 배려는 때로 상대방이 듣기 싫어하는 말을 하는 것이다.

단호함 속에 숨은 사랑

"빠꾸해라."는 단호하게 들리지만 그 안에는 결과에 함께 책임지려는 리더의 신중함과 보호 본능이 담겨 있다. 이는 진정한 리더십이 상대방의 안전을 먼저 생각하는 마음에서 나오기 때문이다.

배려 리더십의 세 가지 용기

배려 리더십이 진짜 힘을 발휘하는 이유는 세 가지다.

첫째, 진짜 배려는 때론 '단호한 멈춤'을 말할 줄 아는 용기에서 나온다. 좋은 리더는 상대가 '기분 나쁘지 않게'보다 '상처받지 않게' 하는 걸 더 중요하게 여긴다. "빠꾸해라."라는 말에는 "나는 네 편이다. 다치게 하고 싶지 않다."는 깊은 진심이 담겨 있다.

드라마 속 관식이가 상견례에서 무례한 상대 부모와 이를 방관하는 남자 친구를 보며 딸에게 "너가 싫다면 언제든 빠꾸해라"라고 말하는 장면이 바로 그렇다.

다른 사람들이라면 "곧 결혼인데 참아라." 했을 상황에서 관식이는 단호하게 선택권을 준다. 당장 결혼이 무산되더라도 딸이 평생 상처받으며 사는 것보다 낫다고 판단했기 때문이다. 이것이 진짜 아버지의 배려다. 막는 것 같지만 사실은 지켜주고 있다는 걸 상대가 느낄 수 있게 하는 것, 그것이 진정한 배려의 리더십이다.

둘째, 배려는 감정을 방치하는 게 아니라, 갈등을 정면으로 마주하고 조율할 수 있는 용기다. 감정이 앞설 때는 누군가가 객관적으로 제동을 걸어줘야 한다. 그것이 리더의 역할이다. 한 번은 두 멤버가 작은 오해로 감정이 크게 상해, 서로 말을 섞지 않으면서 팀 분위기까지 무거워진 적이 있었다. 그때 그냥 덮어두지 않고 적극적으로 개입했다. 두 사람을 불러 함께 앉혀놓고 이렇게 말했다.

"서로에 대한 서운한 감정은 충분히 이해합니다. 하지만 이 일은 두 분만의 것이 아닙니다. 팀 전체의 꿈이 걸려 있습니다. 감정은 잠시 내려두고, 해결책만 올려놓읍시다."

처음에는 어색했지만, 두 멤버는 차츰 마음을 열고 다시 협력할 수 있었다. 결국 갈등을 회피하지 않고, 감정의 폭주에 '빠꾸'를 걸었기에 팀은 위기를 넘길 수 있었다.

셋째, 그래서 배려 리더십은 결국 사람을 성장시키는 용기로 이어진다.

리더의 배려는 단순히 보호하는 데서 그치지 않는다. 진짜 배려는 때로 상대가 더 큰 무대를 향해 나아가도록 '밀어주는 용기'까지 포함한다. 한 신입 멤버가 발표를 앞두고 두려움에 떨며 "저는 자신이 없어요. 리더님이 대신 해주시면 안 될까요?"라고 했던 적이 있었다. 나는 잠시 웃으며 이렇게 답했다.

"틀려도 괜찮습니다. "발표 망쳐도 우리가 제일 크게 박수할 거예요. 이번 무대는 당신이 서야 합니다."

결국 그 멤버는 떨리는 목소리로 발표를 마쳤고, 그는 단순히 발표 기술을 넘어 자기 자신을 믿는 힘을 얻었다. 만약 그 자리에서 내가 대신 나섰다면, 그는 다시 한번 도전하려는 용기를 잃었을 것이다. 때로는 리더가 대신해 주지 않고 '빠꾸하지 않는 것'이야말로, 성장의 기회를 놓치지 않게 하는 배려다. 배려 리더십은 단순한 친절이 아니라, 용기의 다른 이름이다.

이 세 가지 용기는 결국 삶과 리더십의 현장에서 드러난다. 사랑을 잃지 않는 멈춤으로, 오늘 시작하는 단호한 배려로, 그리고 방패가 되어주는 리더의 모습으로 이어진다.

사랑을 잃지 않는 멈춤

관식이의 "빠꾸해라."는 상대방을 멈추게 하면서도 사랑을 잃지 않는 말이다. 배려의 리더십은 때로는 무조건적인 따뜻함이 아니라, 올바른 길을 위한 단호한 외침으로 나타납니다. 관식이처럼, 앞서가기보다 곁에서 버팀목이 되어주는 리더가 진짜 배려의 리더다. 진정한 배려는 시간이 지나야 그 가치를 인정받는다.

오늘 시작하는 단호한 배려

오늘, 당신도 필요한 순간에 용기 있게 "빠꾸"를 말해보라. 상대방이 잘못된 길로 가려 할 때, 무리한 도전을 하려 할 때, 감정에 휘말려 판단력을 잃었을 때. 그 한 마디가 상대방을 큰 실수에서 구해줄 수 있다. 진심 어린 단호함이 최고의 배려다.

방패가 되어주는 리더가 되라

누군가의 길을 막는 것이 아니라, 올바른 길을 함께 찾는 리더가 되라. 앞서 가기보다 곁에서 버팀목이 되어주는 리더, 필요할 때 용기 있게 제동을 걸 수 있는 리더, 사랑하기 때문에 때로는 단호할 수 있는 리더. 그런 리더 밑에서 사람들은 진정한 안전감을 느낀다.

당신이 먼저 용기 있는 배려를 보일 때, 팀 전체가 서로를 진심으로 아끼게 된다. 당신이 보여주는 단호함을 통해 새로운 신뢰가 쌓인다. 그리고 그 배려 속에서 모든 팀원이 더 안전하고 현명한 선택을 할 수 있게 될 것이다. 오늘부터 단호한 배려를 실천하는 리더가 되어보라. 사랑하기 때문에 때로는 "빠꾸"를 말할 수 있는 자가 진정한 리더다.

↘ 오늘의 리더 메시지

"오늘 당신의 '빠꾸' 한 마디가 누군가에겐 큰 선물이 될 수 있다."

12

리더는 사람을 향해 문을 여는 사람이다

> "리더십이란 사람들로 하여금 자신도 몰랐던 꿈을
> 꾸게 하는 것이다."
>
> —워런 베니스(Warren Bennis)

화려함이 아닌 진심의 힘

진정한 리더십은 사람들 앞에서 화려한 연설을 하거나 완벽한 전략을 제시하는 것이 아니다. 그것은 한 사람, 한 사람을 향해 마음의 문을 여는 것에서 시작된다.

몇 년 전 새로 팀에 합류한 사람이 있었다. 첫 회의에서 그는 구석진 자리에 조용히 앉아 있었다. 다른 팀원들은 활발하게 의견을 나누고 있었지만 그는 고개만 끄덕일 뿐이었다.

회의가 끝난 후 나는 그에게 다가갔다.

"오늘 회의 어땠어요? 궁금한 거나 하고 싶은 말 있으면 언제든 얘기해요."

그 순간 그의 눈빛이 달라졌다. 누군가 자신에게 진심으로 관심을 보여준다는 것을 느꼈던 것 같다. 그 후 그는 점점 적극적으로 변했고, 지금은 팀의 핵심 멤버가 되었다.

설득이 아닌 공간 만들기

리더는 사람을 설득하려 하지 않는다. 대신 그들이 자신만의 빛을 발할 수 있도록 안전한 공간을 만들어주는 사람이다. 이는 배려라는 가장 기본적이면서도 가장 강력한 리더십의 언어 때문이다. 배려는 단순한 친절함이 아니라, 상대방의 존재 자체를 인정하고 환영하는 깊은 마음의 표현이다.

어느 날 팀원 중 한 명이 개인적인 문제로 힘들어하고 있었다. 업무에도 집중하지 못하는 것 같았다. 나는 그를 따로 불러 커피를 마시며 이야기를 나눴다.

"요즘 힘들어 보이는데, 괜찮아요?"

처음엔 "괜찮다."고 했지만, 조금 더 기다려주니 진짜 이야기를 털어놓기 시작했다. 리더가 구성원을 바라볼 때, 그는 그 사람이 가진 가능성을 보며, 그 가능성이 꽃필 수 있는 토양을 준비한다.

배려가 만드는 세 가지 기적

이러한 배려가 진정한 리더십의 핵심인 이유는 세 가지로 설명할 수 있다.

첫째, 안전한 환경에서만 진정한 자신이 나온다. 사람은 자신이 안전하다고 느끼는 환경에서만 진정한 자신을 드러낼 수 있다. 작년 우리 팀에서 브레인스토밍을 할 때였다. 한 팀원이 조심스럽게 아이디어를 제시했다. 다른 사람들은 "그건 현실적이지 않아요"라고 말했지만, 나는 달랐다.

"흥미로운 관점이네. 좀 더 자세히 말해볼래요?"

그 격려 한 마디에 그는 더 자신 있게 설명하기 시작했고, 결국 그 아이디어가 프로젝트의 핵심이 되었다. 안전함을 느낀 사람은 자신의 숨겨진 능력을 드러내기 시작한다.

둘째, 진심 어린 관심이 내재 동기를 깨운다. 진심 어린 관심과 배려는 구성원의 내재 동기를 자연스럽게 깨워낸다. 몇 달 전 한 팀원이 슬럼프에 빠져 있었다. 일의 효율도 떨어지고 의욕도 없어 보였다. 그룹 리더 한 명은 "성과로 압박을 가해야 한다."고 했지만, 나는 다른 방법을 택했다.

"최근에 재미있게 한 일이 있어? 어떤 걸 할 때 가장 즐거워?"

그와의 대화를 통해 그가 정말 관심 있어 하는 분야를 발견했다. 그리고 그 분야와 연관된 업무를 맡겼다. 한 달 후 그는 완전히 다른 사람이 되어 있었다.

셋째, 한 사람에 대한 배려가 전체를 변화시킨다. 한 사람에게 보여준 진정성 있는 배려는 전체 조직에 신뢰의 분위기를 확산시키고 공동체의 문화를 변화시킨다. 최근 새로 시작하는 팀원들이 실수 했을 때 다른 팀에선 비웃거나 조롱하는 듯한 반응을 보였지만 우리 팀은 달랐다.

"실수는 누구나 하는 거야. 이번 기회에 제대로 배워보자."

그 모습을 본 다른 팀원들도 더 따뜻하게 대하기 시작했다. 한 사람에 대한 배려가 팀 전체의 문화를 바꾼다.

진정한 초대의 의미

결국 리더는 모임을 열 때 "누구를 부를까?"보다 먼저 "그가 이 자리에 편히 머물 수 있을까?"를 고민하는 사람이다.

지난주 중요한 프레젠테이션이 있었다. 평소 말수가 적은 팀원도 참여시키고 싶었다.

나는 그에게 조심스럽게 물었다.

"이번 프레젠테이션에 함께 참여해 보지 않겠어요? 의견이 꼭 필요해. 물론 부담스러우면 안 해도 좋고요."

그는 잠시 고민하더니 웃으며 대답했다.

"해볼게요. 함께해 주시니까 할 수 있을 것 같아요."

진정한 초대는 자리를 내어주는 것이 아니라 마음을 내어주는 일이며, 그 마음을 받은 사람은 "당신은 이 자리에 있어도 되는 사람입니다. 나는 진심으로 당신을 환영합니다."라는 메시지를 통해 비로소 자신의 가능성을 꺼내 놓을 수 있게 된다.

문을 여는 리더

결국 성공하는 팀은 리더가 먼저 사람을 향해 문을 활짝 열어젖힌 곳에서 탄생한다. 사람은 언제나 자신을 인정해 주고 환영해 주는 그 자리에서 가장 크게 성장하며, 그 성장이 모여 최고의 공동체를 만들어간다. 당신은 어떤 리더인가? 사람들 앞에 벽을 쌓고 있는가, 아니면 문을 열고 있는가?

＼ 오늘의 리더 메시지

"당신이 한 사람을 향해 마음의 문을 열 때 그 사람도 자신의 가능성이라는 문을 열게 되고, 그렇게 열린 문들이 모여 팀 전체가 성장하는 거대한 길이 된다."

끈기

perseverance

13

진실을 향한 '귓속말'

> "정의는 천천히 오지만 확실히 온다."
>
> —마틴 루터 킹 주니어

법대로 살 수 없어서 사는 법을 배웠다

'법비'에 맞서는 주인공의 분노에 찬 말의 여운이 많이 남는다. 그 대사를 처음 들었을 때 가슴이 먹먹해졌다. 정의롭게 살고 싶어도 살 수 없는 현실, 그 안에서 굽히지 않고 자신만의 방식으로 싸우겠다는 의지가 대단했기 때문이다. 때로는 시스템이 우리를 지켜주지 않을 때가 있다. 그때 우리에게 남은 것은 끝까지 포기하지 않는 끈기일 것이다.

끈기의 가치를 보여준 드라마

'귓속말'은 정의와 진실을 밝혀내는 과정을 통해 끈기의 가치를 전달하려는 제작진의 의도가 참 잘 전달된 드라마라고 생각한다. 드라마를 보며 현실의 많은 이들이 떠올랐다. 부당한 대우를 받으면서도 묵묵히 자신의 길을 가는 사람들, 불의에 맞서다가 상처받으면서도 포기하지 않는 사람들. 그들 모두가 신영주와 같은 마음으로 살아가고 있는 것은 아닐까?

세 단계의 끈기

전반부에서는 정의감 있는 경찰 신영주가 아버지의 누명을 벗기기 위해 고군분투하는 모습을 이야기하고 있고, 중반부에서는 부조리한 권력과 맞서기 위해 적과 손잡는 전략적인 전개를 이야기하고 있으며, 후반부에서는 끝까지 진실을 밝히기 위한 치열한 법정싸움과 정의의 실현을 이야기하고 있다. 이 과정을 지켜보며 느낀 것은 끈기에도 단계가 있다는 점이었다. 처음엔 감정적인 분노와 의분에서 시작하지만, 점차 전략적이고 체계적인 접근으로 발전하고, 마지막엔 모든 것을 걸고 진실을 향해 나아가는 단계로 나아간다. 현실에서도 마찬가지다. 진정한 끈기는 감정에서 시작해서 전략으로 발전하고, 마침내 신념이 된다.

벼랑 끝에서도 포기하지 않는 힘

과연 밝혀낼 수 있을까 싶은 벼랑 끝에서조차도 절대 포기하지 않고 방법을 찾아내려는 주인공들의 희생이 빛났고 멋있었다. 드라마 속 한 장면이 특히 기억에 남는다. 모든 증거가 사라지고, 증인들이 입을 다물고, 심지어 동료들마저 등을 돌린 상황에서 신영주가 혼자 앉아 있는 장면. 그때 그녀가 중얼거린 말이 있었다.

"포기하면 아버지가 정말 죄인이 되는 거야."

그 순간 나는 깨달았다. 끈기는 상황이 좋아서 계속하는 것이 아니라, 포기할 수 없는 이유가 있어서 계속하는 것이라는 걸.

나라면 어땠을까?

나라면 어땠을까 생각하며 어떤 상황에서도 포기하지 않고, 진실과 정의를 위해 꾸준히 노력하는 끈기의 자세를 실천할 것이다. 솔직히 말하면 자신이 없다. 과연 나에게 그런 용기와 끈기가 있을까?

몇 년 전 회사에서 비슷한 상황을 겪은 적이 있다. 부당한 일이 벌어졌는데 대부분의 사람이 "그냥 넘어가자"고 했다. 나도 처음엔 망설였다. 하지만 신영주의 모습을 떠올리며 작은 용기를 냈다. 혼자라도 문제를 제기했고, 결국 올바른 방향으로 해결될 수 있었다. 그때 배웠다. 용기는 무서움이 없는 것이 아니라, 무서워도 해야 할 일을 하는 것이라는 걸.

끈기의 세 가지 교훈

나는 '귓속말'이 끈기의 중요성을 다시 한번 일깨워준 드라마라고 생각한다.

첫째, 불의에 굴하지 않는 의지.

신영주가 불의에 굴하지 않고 끝까지 싸우는 모습이 감동적이기 때문이다. 그녀는 계급장을 떼라는 압박에도, 좌천당하는 불이익에도 굴복하지 않았다. 진실을 밝히는 것이 경찰의 사명이라고 믿었기 때문이다. 신념이 있으면 어떤 압박도 견딜 수 있다.

둘째, 권력에 맞서는 용기.

상대가 강력한 권력자일지라도 물러서지 않는 주인공들의 의지가 인상 깊었기 때문이다. 현실에서도 마찬가지다. 때로는 거대한 조직이나 시스템과 맞서야 할 때가 있다. 그때 중요한 것은 혼자가 아니라는 것을 아는 것이다. 진실을 추구하는 사람들은 결국 만나게 되어 있다.

셋째, 정의가 실현될 때까지.

정의가 실현되기까지 끈질기게 버틴 모든 인물의 서사가 현실에 큰 울림을 주기 때문이다. 마지막까지 법비들을 응징하는 모습을 통해 보여준 '결국엔 정의가 승리한다!' 될 때까지 해야 한다는 것이 진리임을 한 번 더 느꼈다. 포기하지 않는 자에게 반드시 기회가 온다.

끈기의 본질

그래서 이 드라마가 끈기의 본질을 잘 보여준다고 생각한다. 끈기는 단순히 오래 버티는 것이 아니다. 옳다고 믿는 것을 위해 끝까지 노력하는 것이다.

최근 한 후배가 힘든 상황에 처해 포기하고 싶다고 했을 때 나는 신영주의 이야기를 해줬다.

"지금 포기하면 네가 지금까지 한 노력이 모두 무의미해. 조금만 더 버텨봐."

그 후배는 결국 해냈고, 지금은 자신의 경험을 다른 사람들에게 나누고 있다. 끈기는 전염된다. 한 사람의 끈기가 다른 사람에게 용기를 준다.

진실은 반드시 밝혀진다

내 마음속에 남은 한 마디는 이것이다.

"진실은 반드시 밝혀진다. 포기하지 않는다면."

이 말이 가슴에 와닿는 이유는 경험해 봤기 때문이다. 포기하고 싶었던 순간들, 모든 것이 무의미해 보였던 시간을 견뎌낸 후에 찾아온 결과들을. 당신도 지금 힘든 상황에 있는가? 모든 것을 포기하고 싶은가? 그렇다면 신영주를 기억하라. 그녀도 수없이 포기하고 싶었지만 끝까지 버텼다. 그리고 마침내 진실을 밝혀냈다. 당신의 진실도 반드시 밝혀질 것이다. 포기하지만 않는다면.

↘ 오늘의 끈기 메시지

"당신이 포기하고 싶은 그 순간이 바로 돌파구가 열리기 직전이고, 진실을
향한 끈기 있는 발걸음은 절대 헛되지 않으며, 정의는 늦을 수 있어도 반드
시 승리한다."

14

팀을 완성으로 이끄는 힘

"천재는 1%의 영감과 99%의 노력으로 이루어진다."

―토머스 에디슨(Thomas Edison)

번뜩임이 아닌 지속의 힘

에디슨의 이 명언은 단순히 개인의 성공 공식이 아니다. 팀의 성장과 성공에도 동일하게 적용되는 진리다. 진정한 팀의 힘은 순간적 번뜩임이 아닌, 지속적인 끈기에서 나온다.

얼마 전 우리 팀에서 어려운 프로젝트를 진행할 때였다. 초기에는 모든 사람이 열정적이었지만, 시간이 지나면서 하나둘 지쳐가기 시작했다. 그때 한 멤버가 말했다.

"힘들지만 끝까지 해봅시다. 포기하면 지금까지 한 게 다 의미 없어져요."

그의 끈기가 팀 전체를 다시 일으켜 세웠다. 결국 프로젝트는 성공했고, 모든 멤버가 성장할 수 있었다. 이 경험으로 우리에겐 불문율 같은 명언이 생겼다.

"도전은 남는 장사! 성패와 상관없이 끝까지 해내면 뭐든 남는다."

끈기야말로 팀 성공의 핵심 동력이다.

장그래가 보여준 끈기의 힘

드라마《미생》의 장그래를 보면 이를 명확히 알 수 있다.

"저는 바둑밖에 모르지만, 그래서 더 배웁니다. 더 움직이고 더 붙잡습니다."

스펙도, 학벌도, 인맥도 없는 고졸 인턴이었지만, 그의 끈기는 단순히 개인적 성장에 그치지 않았다. 그가 보여준 끈기는 팀 전체에 새로운 에너지를 불어넣었고, 결국 모든 구성원이 함께 성장할 수 있는 동력이 되었다. 팀에서 진짜 필요한 것은 완벽한 개인이 아니라, 끝까지 포기하지 않는 사람이다.

몇 년 전 우리 팀에 신입 멤버가 들어왔다. 처음엔 일을 배우는 속도가 느리고 성장이 눈에 보일 만큼 화려하지 못했다. 하지만 포기하지 않고 꾸준히 모든 교육과정을 이수하며 배우려고 했고, 실수해도 다시 도전했다.

이후, 그는 팀의 핵심 멤버가 되어 있었다. 누구보다도 성실히 역량을 쌓아 올린 리더의 모델로 그의 끈기가 다른 멤버들에게도 자극이 되었고, 전체적인 팀 분위기가 향상되었다.

개인을 넘어선 차원의 영향

끈기가 팀에 미치는 영향은 개인의 그것과는 차원이 다르다. 장그래가 중요한 프로젝트에서 무시당했을 때를 떠올려보자. "쟤한텐 시키지 마요. 말도 못 해."라는 말을 들었지만, 그는 포기하지 않았다. 상가 골목을 누비고, 시장 상인들을 인터뷰하며 발로 뛰어

솔루션을 찾았다. 그의 끈기는 단순한 개인적 노력을 넘어서, 팀 전체의 시각을 확장하고 새로운 가능성을 열어주었다. 한 사람의 끈기가 팀 전체의 역량을 끌어올릴 수 있다는 것을 보여준 대표적 사례다.

실제로 과거 학원업을 할 때 비슷한 일이 있었다. 어려운 학부모를 담당하게 된 선생님이 있었는데, 다른 사람들은 그 학부모의 까다로운 요구들과 히스테릭한 태도 등에 "지도를 포기하는 게 낫겠다."고 했다. 하지만 그는 끝까지 노력했다. 학부모를 직접 만나 성심껏 이야기를 들어주고, 수시로 걸려 오는 전화에도 진정성을 가지고 응대했다,

결국 그 학부모는 우리의 가장 중요한 홍보 파트너가 되었고, 지역사회 전체에 막강한 영향력으로 우리 학원을 적극 홍보하고 회원 유치까지 발 벗고 뛰면서 학원 규모를 새로운 지역까지 확장할 수 있는 발판을 마련해주었다.

끈기가 팀 성공에 필수적인 세 가지 이유

첫째, 팀의 결속력을 유지하는 중심축.

끈기 있는 구성원은 어려운 상황에서도 팀의 결속력을 유지하는 중심축 역할을 한다. 위기가 닥쳤을 때 사람들은 흩어지려고 한다. 그때 "우리 함께 해결해 보자"고 말하는 사람이 있으면 팀은 다시 뭉칠 수 있다. 작년 우리 팀이 큰 실패를 겪었을 때, 한 리더가 말했다.

"실패했다고 끝이 아니야. 이제부터 시작이지."

그의 끈기 있는 태도가 멤버들에게 희망을 주었고, 결국 더 강한 팀으로 거듭날 수 있었다.

둘째, 팀 전체의 문제해결 능력 향상.

반복적인 시도와 개선을 통해 팀 전체의 문제해결 능력을 향상한다. 끈기 있는 사람은 쉽게 포기하지 않는다. 한 번 안 되면 다른 방법을 시도하고, 그것도 안 되면 또 다른 방법을 찾는다. 이런 과정에서 팀 전체가 다양한 접근법을 배우게 되고, 결국 문제해결 역량이 향상된다.

셋째, 팀 문화의 변화

끈기 있는 행동이 다른 구성원들에게 긍정적 영향을 미쳐 팀 문화 자체를 변화시킨다. 한 사람의 끈기는 전염된다. 누군가 끝까지 노력하는 모습을 보면, 다른 사람들도 영향을 받는다. "저 사람이 저렇게 하는데 나도 해야지"라는 마음이 생기고, 전체적인 팀 문화가 긍정적으로 바뀐다.

놀라운 변화의 순간

장그래의 프레젠테이션 당일, 모두가 놀랄만한 현실적 전략을 제시했을 때 일어난 변화를 보자. 팀은 계약을 따냈고, 장그래는 "괜찮은 카드"가 되었다. 하지만 더 중요한 것은 그를 무시했던 동료들의 인식이 바뀌었다는 점이다. 한 사람의 끈기가 팀 전체의 관점을 변화시킨 것이다.

최근 우리 팀에서도 비슷한 일이 있었다. 처음엔 능력이 부족해 보였던 팀원이 끈기 있게 노력한 결과, 팀에서 가장 신뢰받는 멤버가 되었다. 그 변화를 지켜본 다른 팀원들도 자극을 받았고, 전체적인 팀 역량이 크게 향상되었다.

미생에서 완생으로

끈기는 '미생' 팀을 '완생' 팀으로 만드는 변화의 열쇠다. 장그래가 특별했던 건 능력이 아니라 버텨내는 방식이었다. 자신의 약점을 이유로 포기하지 않았고, 오히려 누구보다 치열하게 일했다. 불리한 조건 속에서도 반복해서 시도하고, 두려움 속에서도 끝까지 해보는 것. 이것이 바로 끈기의 본질이다.

당신의 팀은?

당신의 팀에는 장그래 같은 사람이 있는가? 어려운 상황에서도 포기하지 않고 팀을 위해 끝까지 노력하는 사람이 만약 없다면 당신이 그런 사람이 되어보라. 완벽하지 않아도 괜찮다. 능력이 부족해도 괜찮다. 중요한 것은 끝까지 포기하지 않는 마음이다. 당신의 끈기가 팀 전체를 변화시킬 것이다. 그리고 언젠가 당신의 팀도 '미생'에서 '완생'으로 거듭나게 될 것이다.

↘ 오늘의 리더 메시지

"당신의 끈기가 팀의 희망이 되고, 그 희망이 모든 구성원의 가능성을 깨우며, 함께 버텨낸 시간이 완성된 팀을 만드는 가장 확실한 길이다."

15

리더의 끈기는 'WHY'를 아는 데서 비롯된 신념의 힘이다

> "나에게는 꿈이 있습니다."
>
> —마틴 루터 킹 주니어 (Martin Luther King Jr.)

마틴 루터 킹 주니어가 1963년 워싱턴 대행진에서 외친 이 한 마디는 단순한 연설이 아니라 인류 역사를 바꾼 신념의 선언이었다. 그는 무엇을 할 것인지(WHAT)보다 왜 그것을 해야 하는지(WHY)를 명확히 알고 있었기에 수많은 위협과 절망적인 현실 앞에서도 끝까지 버틸 수 있었다.

목표만으로는 끝까지 버틸 수 없다

많은 리더가 명확한 목표를 세운다. 더 높은 매출, 더 큰 성장, 더 나은 성과를. 하지만 어려움이 닥치면 쉽게 포기한다. 진정한 리더의 끈기는 목표나 성과에서 나오는 것이 아니라, 자신이 왜 그 일을 하는지에 대한 명확한 신념에서 비롯된다.

사이먼 시넥이 《Start with Why》에서 제시한 골든 서클의 핵심은 바로 이것이다. WHY를 아는 리더만이 흔들리지 않는 버팀목이 될 수 있다.

어느 날 두 창업가를 만났다. 한 명은 "성공해서 돈을 많이 벌고 싶다."고 했고, 다른 한 명은 "사람들의 일상을 더 편리하게 만들고 싶다."고 했다. 1년 후, 첫 번째 창업가는 작은 어려움에도 포기했지만 두 번째 창업가는 여전히 자신의 신념을 향해 나아가고 있었다. WHY가 있는 사람은 어떤 어려움도 견뎌낸다.

신념이 정체성을 만든다

WHY 중심의 리더십이 끈기의 원동력이 되는 이유는 그것이 단순한 목표 달성을 넘어선 존재 이유를 제공하기 때문이다. 이는 신념이 리더에게 흔들리지 않는 정체성을 부여하기 때문이다.

애플이 단순히 컴퓨터를 만드는 회사가 아니라 '다르게 생각하는' 철학을 실현하는 기업으로 인식되는 것처럼 명확한 WHY는 리더에게 흔들리지 않는 정체성을 부여한다.

몇 년 전 우리 팀이 큰 위기를 겪었을 때를 떠올린다. 모든 것이 막막해 보였지만, 나는 우리가 왜 이 일을 시작했는지 다시 생각해 봤다.

"우리는 사람들에게 도움이 되는 일을 하고 있다. 그 신념만큼은 변하지 않았다."

그 순간 다시 일어설 힘을 얻었다.

WHY를 아는 리더의 힘

머뭇거리는 순간, 목표는 흐려진다. 신념이 있어야 비로소 끝까지 갈 수 있다. 대부분의 리더는 "어떻게 해야 성공할까?"라고 묻지만, 진정한 리더는 다르게 묻는다.

"왜 이 일을 해야 하는가?"

이것이 바로 WHY 중심 리더십의 출발점이다.

최근 새로운 프로젝트를 시작할 때였다. 팀원들이 "정말 할 수 있을까요?"라고 불안해할 때, 나는 WHY부터 설명했다.

"이 프로젝트가 성공하면 많은 사람들이 도움을 받을 수 있어요. 그래서 우리가 해야 하는 거예요."

명확한 WHY가 팀에게 용기를 주었다.

WHY 중심 리더십이 끈기를 만드는 세 가지 이유

이러한 WHY 중심의 리더십이 끈기를 만드는 구체적인 이유는 세 가지다.

첫째, 많은 리더가 목표를 이루기 위해 노력하지만 도중에 포기하거나 방향을 잃는 경우가 많은데, 뚜렷한 WHY가 있는 리더는 장애물 앞에서도 흔들리지 않고 계속 나아갈 수 있기 때문이다. 목표는 달성되면 끝이지만, 신념은 영원하다. 그래서 WHY를 가진 리더는 하나의 목표가 실패해도 다른 방법을 찾아 계속 나아간다. 어려움이 와도 "왜 이 일을 하는가"를 기억하면 다시 힘을 낼 수 있다.

작년 중요한 프로젝트가 실패했을 때를 떠올린다. 목표만 보고 있었다면 완전히 절망했을 것이다. 하지만 나는 우리의 WHY를 생각했다. "사람들에게 가치를 제공한다."는 신념은 변하지 않았다.

"방법은 실패했지만 목적은 여전히 유효해요. 다른 방법을 찾아봅시다."

신념이 있으면 실패도 과정이 된다.

둘째, WHY 중심의 리더십에 공감하는 다른 사람들의 WHY가 연결되면서 공동체가 형성되면 리더 혼자만이 견뎌내는 것이 아니라 함께 버틸 수 있는 중심축이 되어주기 때문이다.

진정한 WHY는 전염성이 있다. 리더의 신념에 공감한 사람들이 모여들고, 함께 그 신념을 실현하려고 한다. 혼자 버티는 것보다 함께 버티는 것이 훨씬 강하다.

우리 팀의 WHY는 "사람들의 일상을 더 건강하게 만드는 것"이다. 이 신념에 공감한 사람들이 하나둘 모여들었다. 어려운 시기가 와도 "우리는 같은 꿈을 꾸고 있다."는 동지애가 팀을 지켜냈다. 공감하는 WHY가 강한 공동체를 만든다.

셋째, 시간이 길어질수록 포기하고 싶은 마음도 덩달아 올라올 수 있는데 이럴 때 WHY는 나를 다시 붙잡을 수 있는 나침반이 되어주기 때문이다. 장기간 지속되는 도전에서는 반드시 슬럼프가 온다. 그때 목표만 보고 있으면 길을 잃기 쉽다. 하지만 WHY가 있으면 언제든 방향을 다시 찾을 수 있다.

몇 달 전 정말 힘든 시기가 있었다. 성과도 나오지 않고, 팀원들도 지쳐 보였다. 그때 나는 다시 우리의 WHY를 떠올렸다. "우리가 왜 이 일을 시작했는지" 기억하니 다시 힘이 났다.

팀원들에게도 말했다.

"힘들지만 우리의 목적을 잊지 말자."

WHY는 길을 잃었을 때 다시 찾아주는 나침반이다.

신념의 전파력

라이트 형제가 단순히 하늘을 나는 기계를 만드는 것이 아니라 인류의 가능성을 확장하려는 신념을 품었기에 수많은 실패 속에서도 포기하지 않았듯이, 진정한 리더는 자신의 WHY를 명확히 알고 그것을 팀과 공유할 때 비로소 지속 가능한 영향력을 발휘할 수 있다. 그러한 리더만이 조직의 구성원들에게 단순한 업무 수행자가 아닌 공동의 비전을 실현하는 동반자로서의 의미를 부여할 수 있다.

최근 새로운 팀원이 합류했을 때 나는 첫 번째로 우리의 WHY를 설명했다.

"우리는 단순히 일을 하는 게 아니라 세상을 조금 더 나은 곳으로 만들기 위해 여기 있어요."

그 팀원의 눈빛이 달라지는 것을 봤다. 신념을 공유하면 동료가 동반자가 된다.

오늘 발견하는 나의 WHY

오늘, 당신의 WHY를 발견해 보라. 왜 이 일을 하는가? 왜 이 팀에 있는가? 왜 이 꿈을 꾸는가? 미뤄왔던 자신만의 신념을 정리해 보거나, 팀의 WHY를 명확하게 만들어보거나, 구성원들과 그 신념을 나눠보라. 명확한 WHY가 흔들리지 않는 끈기를 만든다.

신념의 횃불이 되어라

결국 성공하는 팀은 리더의 WHY가 구성원들의 마음속 깊은 곳에 있는 WHY와 공명할 때 만들어지는 것이다. 마치 한 개의 소리굽쇠가 울리면 같은 진동수를 가진 다른 소리굽쇠들이 저절로 울리기 시작하는 것처럼, 진정한 리더의 신념은 혼자 말하는 독백이 아니라 모두에게 울리는 메아리가 되어야 한다.

당신이 먼저 WHY를 명확히 할 때 팀 전체가 방향을 찾기 시작한다. 당신이 보여주는 신념을 통해 새로운 에너지가 생긴다. 그리고 그 신념 속에서 모든 팀원이 자신만의 WHY를 발견하고 함께 끝까지 걸어가게 될 것이다. 오늘부터 WHY 중심의 리더가 되어

보라. 신념을 아는 자만이 끝까지 버틸 수 있다.

＼ 오늘의 리더 메시지

"WHY를 아는 리더만이 흔들리지 않는 버팀목이 될 수 있다."

16

신념은 끝에서 증명된다

"끈기는 천재보다 강하다."

—나폴레옹 보나파르트(Napoleon Bonaparte)

메시지가 아닌 모습으로 말하다

어떤 리더는 메시지로 비전을 말하고, 어떤 리더는 조용히 끝까지 가는 모습을 보여준다. 사람들은 전자에 끌릴 수 있지만 오래 믿고 따르는 건 언제나 후자다.

몇 년 전 두 명의 팀장을 비교할 기회가 있었다. A 팀장은 화려한 프레젠테이션으로 팀원들을 감동하게 했다. 비전을 열정적으로 설명하고 미래에 대한 장밋빛 그림을 그려 보였다. B 팀장은 말수가 적었다. 대신 매일 아침 일찍 나와서 준비하고, 팀원들이 힘들어할 때 묵묵히 도왔다. 6개월 후, A 팀장의 팀원들은 하나둘 다른 팀으로 옮겨갔고 B 팀장의 팀원들은 더욱 단단해졌다. 그 WHY를 얼마나 오래 지켜내는가, 그 신념을 흔들림 없이 살아내는가, 이 물음 앞에 필요한 건 실력이 아니라 끈기다.

쉽게 포기하지 않는 사람

진정한 리더는 쉽게 포기하지 않는 사람이다. 실패해도 방향에 흔들리지 않고, 힘들어도 시작의 이유를 잊지 않는 사람이다. 이는 끈기가 단순한 근성이 아니라 WHY에 대한 충성이기 때문이다.

코로나 시절 우리 회사에 큰 위기가 있었다. 주요 회원을 잃었고, 매출이 급감했다. 많은 사람들이 "이제 끝났다."라며 절망했다. 그때 한 리더가 전체 회의에서 말했다.

"힘들다는 걸 안다. 하지만 우리가 왜 이 일을 시작했는지 기억해 보자. 그 이유가 사라진 건 아니잖아."

그의 흔들리지 않는 신념이 전체 조직에 힘을 주었다. 결국 1년 후 그 그룹은 더 강해져서 돌아왔다. 끈기는 열정보다 오래 간다. 한 번의 감동보다 수백 번 반복된 태도에서 만들어진다.

WHY에 대한 마음속 약속

내가 왜 이 일을 시작했는지, 왜 이 사람들과 함께 가야 하는지에 대한 마음속 약속을 끝까지 지켜내는 자세가 바로 끈기의 본질이다. 사람들은 그런 리더를 보고 그의 말보다 그의 믿음을 따라간다.

어느 스타트업 창업자의 이야기가 기억난다. 그는 3년 동안 수익이 나지 않았지만 포기하지 않았다. 투자자들은 "사업 모델을 바꿔라."라고 했고, 가족들은 "그만둬라."라고 했다. 하지만 그는 흔들리지 않았다.

"저는 사람들의 소통을 더 쉽게 만들고 싶어서 이 일을 시작했어요. 그 목표는 변하지 않았어요."

4년째 되는 해 그의 사업은 대박이 났다. 그를 따랐던 초기 사업자들은 모두 성공의 과실을 함께 나눌 수 있었다.

끈기 있는 리더십의 세 가지 힘

끈기 있는 리더십이 조직을 변화시키는 이유는 세 가지로 설명할 수 있다.

첫째, 지속 가능한 동력의 제공.

끈기는 일시적인 열정이나 감정에 의존하지 않고 지속 가능한 동력을 제공하여 장기적인 목표 달성을 가능하게 한다. 열정은 불꽃처럼 타오르지만 금방 꺼진다. 하지만 끈기는 촛불처럼 오래 지속된다.

둘째, 안정감과 신뢰의 제공.

리더의 일관된 모습과 변하지 않는 신념이 구성원들에게 안정감과 신뢰를 주어 어려운 상황에서도 팀의 결속력을 유지하게 한다. 변화하는 상황에서 사람들은 불안해한다. 그때 흔들리지 않는 리더가 있으면 마음의 안정을 찾을 수 있다.

셋째, 조직 전체의 회복력 강화.

끝까지 포기하지 않는 리더의 모습이 누군가에게는 버텨낼 수 있는 이유가 되고 다시 시작할 수 있는 믿음이 되어 조직 전체의 회복력을 강화한다. 리더의 끈기는 전염된다. 한 사람이 포기하지 않으면 다른 사람들도 힘을 얻는다.

한결같이 존재해 주는 리더

그러니 당신이 리더라면 함께 하는 사람들에게 말보다는 한결같이 존재해 주어야 한다. 화려한 연설과 완벽한 전략도 중요하지만, 사람들이 진정으로 따르고 싶어 하는 것은 어떤 상황에서도 흔들리지 않는 신념을 보여주는 리더의 모습이다. 그 모습이 누군가에게는 버텨낼 수 있는 이유가 되고, 다시 시작할 수 있는 믿음이 된다.

어느 날 팀원이 힘들어하며 찾아왔다. 새로운 프로젝트에서 계속 실패하고 있다고 했다.

"리더님, 저 정말 못하는 것 같아요. 그만둘까 봐요."

나는 그에게 말했다.

" 이 일을 시작한 이유가 뭐였죠? 그 이유가 변했어요?"

"아니요, 변하지 않았어요."

"그럼 계속하는 거예요. 함께할 게요."

신념은 시작에서 선언되지만, 끝에서 증명된다.

조용한 끈기의 승리

결국 성공하는 팀은 화려한 말로 이끄는 리더가 아니라 조용한 끈기로 신념을 끝까지 지켜내는 리더가 만들어낸다. 당신의 신념은 어디서 증명될 것인가? 시작에서 인가, 아니면 끝에서인가? 진정한 리더는 끝에서 증명하는 사람이다. 화려한 시작보다 묵묵한 완주를, 격정적인 연설보다 일관된 행동을 선택하는 사람이다. 오늘부터 당신도 그런 리더가 되어보라.

말로 설득하려 하지 말고, 모습으로 이끌어보라. 일시적인 열정에 의존하지 말고, 지속 가능한 끈기를 길러보라. 당신의 신념이 끝에서 증명될 때, 비로소 진정한 리더가 될 것이다.

↘ 오늘의 리더 메시지

"당신의 신념이 시작에서 아무리 아름다워도 끝까지 지켜내지 못하면 의미가 없고, 조용히 끝까지 버텨낸 믿음만이 사람들의 마음을 진정으로 움직이며, 그 끈기가 모든 것을 가능하게 만든다."

Part 2.
리더의 덕목 : 실행력

Persistence Power · Execution Power · Administrative Power

해야만 할 것

도전
사랑
성장
행복

실 행 력 — 리 더 라 면 그 어 떤 상 황 에 서 도 실 행 해 라 !

아이디어는 누구에게나 있지만, 그것을 현실로 만드는 것은 오직 실행력을 가진 리더만이 할 수 있다. 아마존의 제프 베조스가 "좋은 아이디어보다 좋은 실행이 더 중요하다."라고 했듯이, 완벽한 계획을 기다리는 리더는 결코 성공할 수 없다. 불완전한 조건에서도 시작하고, 부족한 자원으로도 움직이며, 불확실한 미래 앞에서도 첫발을 내딛는 것이다. 많은 리더가 분석과 계획에만 매몰되어 정작 행동은 하지 못하고 있다. 당신은 지금 이 순간, 무엇을 실행하고 있는가?

도전

challenge

17

비즈니스의 코끼리를 다루는 법

"변화에 가장 잘 적응하는 자가 살아남는다."

—찰스 다윈

방 안의 코끼리를 마주하다

찰스 다윈의 이 통찰은 오늘날 비즈니스 세계에서 더욱 절실한 진리다. 비즈니스에서 '코끼리'란 조직이 직면한 거대하고 다루기 어려운 도전을 상징한다. 그렇다면 우리는 이 도전의 코끼리를 어떻게 다뤄야 할까?

몇 년 전 우리 회사에도 거대한 '코끼리'가 있었다. 주력 제품의 시장 점유율이 급속히 떨어지고 있었지만, 아무도 이 문제를 정면으로 거론하려 하지 않았다.

회의에서는 늘 "곧 회복될 것"이라는 희망적 관측만 오갔고, 근본적인 문제해결은 미뤄졌다. 그때 한 부서장이 용기를 냈다.

"우리가 지금 피하고 있는 진짜 문제에 관해 이야기해 봅시다."

그 순간부터 진정한 변화가 시작되었다.

회피하지 않는 리더의 힘

성공적인 기업 혹은 성공적인 리더는 도전 과제를 절대 회피하지 않는다. 노키아가 스마트폰 혁명을 간과했을 때 시장에서 도태된 것처럼, 문제를 인식하지 않으면 해결할 기회조차 얻지 못한다. 문제를 인식하는 과정인 코끼리를 정면으로 마주할 때 비로소 변화의 첫걸음을 내디딜 수 있다. 하지만 사람들은 변화 자체를 두려워하기 십상이다.

최근 한 중소기업 대표와 대화했을 때, 그가 말했다.

"변화해야 한다는 건 알아요. 하지만 직원들이 불안해해요."

나는 이렇게 답했다.

"변화하지 않는 것이 더 위험하다는 걸 보여주세요. 그들과 함께 현실을 직시하고, 함께 해결책을 찾아가세요."

변화를 막는 세 가지 장벽

왜 사람들은 변화를 두려워할까?

첫째, 과거 경험이 성장을 저해한다. 그동안의 많은 경험과 통계적 수치가 그들의 성장 마인드셋을 저해하는 장애물이 될 수 있다.

"예전에도 비슷한 시도를 했는데 실패했어요."

"데이터를 보면 성공 확률이 낮아요."

이런 말들이 새로운 시도를 막는다. 하지만 과거의 실패가 미래의 성공을 보장하지는 않는다.

둘째, 소통의 부재.

명확한 비전을 공유한다고 하면서 직원들의 목소리에 귀 기울이지 않아 고정 마인드에서 탈피하지 못했기 때문이다. 진정한 소통은 일방이 아니다. 리더가 비전을 제시하는 것도 중요하지만, 직원들의 우려와 아이디어를 들어보는 것도 똑같이 중요하다.

셋째, 공감대 형성의 실패.

구성원들이 변화의 필요성을 깊이 이해하고 공감하는 순간을 놓쳤기 때문이다. 변화는 강제로 이뤄지지 않는다. 사람들이 '왜 변화해야 하는지'를 진심으로 이해할 때 비로소 가능하다.

1%의 기적: 점진적 접근법

거대한 도전 앞에서 한 번에 모든 것을 바꾸려 하면 저항만 커진다. 아마존의 "꾸준한 1% 개선" 철학은 작은 성공의 누적이 어떻게 거대한 혁신으로 이어지는지를 보여주는 아주 좋은 사례다.

우리 팀에서도 이 방법을 적용해 봤다. 갑자기 모든 프로세스를 바꾸는 대신 매주 작은 개선 사항 하나씩 도입했다. 첫 번째 주에는 회의 시간을 10분 단축했고, 두 번째 주에는 보고서 양식을 간소화했다. 작은 변화였지만 직원들의 저항은 최소였다. 6개월 후, 우리 팀의 생산성은 30% 향상되어 있었다.

저항을 최소화하는 점진적 접근법이 필요한 이유는 팀의 모멘텀을 유지할 수 있고, 변화 피로를 최소화할 수 있으며, 작은 성공의 누적을 통해 도전적 성취를 성과로 기록할 수 있기 때문이다.

보상이 만드는 동기

도전해야 하는 사람들은 자신의 기여가 인정받을 때 더 큰 열정으로 그 도전을 감당한다. 이에 적절한 보상 시스템이 필요하다. 보상 시스템은 도전하는 사람들의 창의성과 자율성을 촉진하고, 알아주고 인정하는 비즈니스 환경이 조성되며, 조직이 원하는 행동을 자연스럽게 유도할 수 있다.

한 IT회사에서 '실패 파티'라는 독특한 제도를 운용한다고 들었다. 새로운 시도가 실패했을 때, 그 실패에서 얻은 교훈을 공유하는 자리를 만들고 도전한 사람을 격려한다. 실패를 처벌하지 않고 학습의 기회로 만드는 것이다. 이에 조직 구조, 인센티브 시스템, 의사소통 채널을 목표에 맞게 구축함으로써 변화를 가속할 수 있다.

영감이 만드는 진정한 변화

진정한 변화는 강제가 아닌 영감에서 비롯된다. 위대한 비즈니스 리더들은 단순히 명령을 내리는 것이 아니라, 비전을 제시하고 구성원들이 그 비전을 향해 함께 나아가도록 영감을 준다. 그리고 사람들은 자신이 더 큰 목적의 일부라고 느낄 때 최고의 성과를 낼 수 있다는 것을 기억해야 한다.

스티브 잡스가 애플 직원들에게 "우주에 흔적을 남기자."고 했을 때, 그것은 단순한 제품 개발이 아니라 세상을 바꾸는 일에 참여한다는 사명감을 심어줬다.

높은 목표의 힘

미켈란젤로는 "문제는 목표를 달성할 수 없다는 것이 아니라, 목표가 너무 낮게 설정되어 있다는 것이다."라고 말했다. 오늘 당신의 비즈니스에 있는 코끼리를 정면으로 바라본다면 위협이 아닌 변화의 기회를 발견할 수 있을 것이다.

이런 기회를 포착하는 지혜로운 리더만이 내일의 시장을 선도할 수 있으며 끊임없는 변화와 적응의 여정 가운데 비즈니스의 본질을 유지할 수 있다.

변화하는 세상에서 살아남기

세상은 늘 변화하고, 코끼리는 형태를 바꾼다. 그러니 고정된 해법보다, 실패를 두려워하지 않고 질문을 멈추지 않는 태도로 전략적 리더의 도전 정신을 갖춰야 한다.

최근 한 스타트업 대표가 말했다.

"저희는 분기마다 '우리의 코끼리는 무엇인가?'라고 자문해요. 그리고 그것을 해결하기 위한 실험을 시작하죠."

그 회사는 3년 만에 업계 선두 주자가 되었다.

유연한 사고의 예술

비즈니스의 코끼리를 관리하는 것은 단순한 문제해결이 아니라, 유연한 사고와 지속 가능한 리더십의 예술이다. 당신의 조직에는 어떤 코끼리가 있는가? 그것을 회피하고 있지는 않은가? 오늘부터 그 코끼리를 정면으로 마주해보라. 두려워하지 말고, 작은 변화부터 시작해 보라. 당신의 용기 있는 첫걸음이 조직 전체의 변화를 끌어낼 것이다.

↘ 오늘의 리더 메시지

"당신이 피하고 싶은 그 거대한 문제는 가장 큰 기회이고, 작은 변화의 누적이 혁신을 만들며, 영감이 넘치는 팀만이 불가능해 보이는 도전을 현실로 바꿀 수 있다."

18

도전은 내 삶의 방식이다

> "고통은 생명의 존재 방식이다. 고통은 외부로부터
> 생겨나는 것이 아니라 우리 자신의 성장을 위해 꼭 필요한
> 동력이자 기반이다."
>
> ─배철현, 《승화》

이 문장을 처음 읽었을 때, 나는 내 도전의 시간들을 떠올렸다. 나는 고통을 피한 적이 없다. 오히려 고통의 문턱에서 삶의 새로운 길을 발견해 왔다.

나에게 도전이란, 언제나 성장의 목마름이 만들어낸 갈망이었다. 지금의 나를 더 이상 용납할 수 없을 때, 낡아버린 정체성에 갇힌 나 자신이 가장 두려웠다. 움츠러든 나, 멈춰 선 나, 오래된 껍질 속에서 이미 시든 나.

편안함이 주는 가장 큰 위험

대부분의 사람은 편안함을 추구한다. 안정된 직장, 예측이 가능한 일상, 변화 없는 루틴을. 그들에게 도전은 선택사항이다. 하지만 나에게 도전은 생존의 방식이다. 편안함 속에 머물렀던 순간들을 기억한다. 모든 것이 순조롭게 흘러가던 그 시간에도, 내 마음 한구

석엔 늘 불안이 자리하고 있었다. "이대로 괜찮은 걸까? 나는 지금 성장하고 있는 걸까?"

몇 개월 전 새로운 리더 직급으로 오르기 위한 도전의 기회가 있었다. 팀장이 나의 도전을 제안했을 때는 솔직히 "내가 할 수 있을까?" 하는 의문이 먼저 들었다. 나 스스로 자신이 없었지만 무엇보다 팀원들의 의지가 약해 보였기 때문이었다. 하지만 나는 누구나 할법한 평범한 선택 대신 "제가 한번 해보겠습니다."라고 답했다. 그렇게 말할 수 있었던 이유는 내가 그것을 성취해 낼지의 가능성은 도전하는 데 아무런 힘이 없다는 것을 알았기 때문이다. 어떤 일의 가능성보다 더 중요한 것은 내 의지였다. '의지가 곧 성공이다'라는 이 한마디는 결국 내 인생에서 결코 바뀔 수 없는 진리가 되었다. 마치 기적처럼 안 될 것 같은 것들이 되어지고, 온 우주가 돕는 것 같은 수많은 아슬아슬한 순간들이 겹겹이 쌓이더니 목표한 직급 성취를 해내고야 말았던 한 달의 그 마지막 순간에. 그렇게 그 한마디는 결국 내 인생의 새로운 전환점이 되었다.

스스로 깨뜨리는 용기

진정한 도전은 외부의 장애물과 싸우는 것이 아니라 내 안의 두려움과 맞서는 것이다. 편안한 현재를 버리고, 불확실한 미래를 향해 나아가는 것이다. 이는 도전하지 않으면 나는 결코 나 자신을 만날 수 없다는 진실 때문이다.

8년간 쌓아온 패션 디자이너의 커리어를 결혼과 함께 망설임 없이 내려놓았던 것도 그런 이유였다. 누군가는 그걸 포기라 했지만, 나에게 그것은 삶을 바꾸는 희망의 시작이었다. 내 아이들과 가족이 더 완전하고 편안한 삶을 살 수 있도록 나는 다시 처음부터, 전혀 새로운 세계인 유아교육의 길로 뛰어들었다. 10년이 지난 지금, 나는 그 선택이 얼마나 위대한 도전이었는지 깨닫는다.

변화는 고통이 아니라 성장이다

머뭇거리는 순간, 기회는 지나간다. 도전해야 비로소 바뀐다. 대부분 사람은 "정말 할 수 있을까?"라고 묻지만, 나는 다르게 묻는다.

"이 도전을 지금 시작하지 않는다면, 내가 원하는 변화는 언제 올 것인가?"

이것이 바로 도전의 본질이다.

재작년 남편의 사업이 힘들어지면서 우리 가족은 흩어져서 지낼 수밖에 없는 상황에 이르렀다. 힘들겠다고 말하며 주변에서 걱정하는 마음들. 벼랑 끝 막막한 상황들에도 절망보다는 방법을 찾아보았다. 그때 나는 남편에게 새로운 일을 제안하며 우리가 하는 일의 브랜딩부터 시작했다. 하나부터 열까지 모든 게 처음이었지만 이것이 우리가 원하는 성장의 길임을 확신했기에 망설임 없이 도전했다. 그 도전이 또다시 새로운 성장을 이끌었다.

도전하는 삶의 세 가지 힘

도전이 내 삶을 변화시키는 이유는 세 가지로 설명할 수 있다.

첫째, 도전은 내 한계를 확장한다.

편안한 영역에 머물러서는 절대 내 진짜 능력을 알 수 없다. 도전할 때만 내가 어디까지 갈 수 있는지, 무엇을 할 수 있는지 발견하게 된다.

최근 전혀 낯설고 새로운 분야인 한식 조리사 자격시험에 도전을 시작했다. 그 과정에서 진정한 요리의 참맛을 알아버렸다. 나는 요리를 즐기고 있었고 누군가를 위해 오롯이 정성을 쏟은 음식을 만드는 과정 자체로 내 속의 무언가 몽글몽글해지는 느낌이다. 6개월간의 고군분투 속에서 결국 나는 스스로 족할 만한 새로운 나를 찾아낼 수 있었다. 이 과정 자체가 도전이고 그 끝에 더 확장된 나를 만날 것을 나는 이미 알고 있다. 도전이 나를 더 큰 사람으로 만들어준 것이다.

둘째, 도전은 삶에 의미를 부여한다.

단순히 살아가는 것과 의미 있게 사는 것은 다르다. 도전을 통해서만 내 삶이 특별해지고, 내 존재가 가치를 갖게 된다. 매일 반복되는 일상에서도 작은 도전을 만들어 나간다. 새로운 방식으로 일해보기, 다른 관점에서 문제 바라보기, 익숙하지 않은 사람들과 소통해 보기. 이런 작은 도전들이 쌓여서 내 삶을 풍요롭게 만든다. 도전이 있는 하루와 없는 하루는 완전히 다르다.

셋째, 도전은 미래를 만들어낸다.

현재에 안주하면 미래는 현재의 연장선일 뿐이다. 하지만 도전하면 전혀 다른 미래가 펼쳐진다. 어느 날 중요한 선택의 순간이 왔을 때 나는 망설이지 않고 더 어려운 길을 택했다. 그 선택이 오늘의 나를 만들어냈다.

존재 방식으로서의 도전

도전은 목표가 아니라 태도다. 일회성 이벤트가 아니라 지속적인 삶의 방식이다. 절대 뻔하지 않은 인생을 살고자 했던 이들에게 도전은 어느 날 갑자기 나타나는 충동이 아니라 내면에서 오랫동안 자라난 변화의 뿌리다.

종종 주변 지인들이 묻는다.

"새로운 일을 시작하는 게 두렵지 않아? 너에겐 뭔가 새롭게 시도하고 도전하는 일이 쉬워 보여서."

나는 이렇게 답했다.

"보이는 것처럼 쉽진 않았지만 난 절대 기회를 외면하지 않아. 도전이 멈추면 성장도 멈추거든."

지금의 나를 버릴 준비는 언제나 되어 있다.

오늘 시작하는 작은 도전

오늘, 작은 도전 하나를 시작하라. 당신의 그 용기 하나가 내일의 당신을 바꾸고, 다음 달의 당신을 만들고, 1년 후의 완전히 다른 당신을 창조한다. 미뤄왔던 꿈에 첫발을 내디뎌 보거나, 두려워했던 변화를 시작해 보거나, 익숙한 방식을 과감히 버려보라. 작은 도전이 인생 전체를 바꾸는 시작점이다.

변화하는 사람이 되어라

결국 성공하는 인생은 안주하는 사람이 아니라 끊임없이 자신을 갱신하며 새로운 가능성을 열어가는 도전하는 사람이 만들어낸다. 현재에 머물지 말고 미래를 창조하는 사람이 되어라. 당신이 먼저 변할 때 당신 주변의 모든 것이 따라 변하기 시작한다. 당신이 만든 변화를 통해 새로운 기회들이 찾아온다. 그리고 그 여정의 끝에서 당신은 상상했던 것보다 훨씬 더 강하고 아름다운 사람이 되어 있을 것이다.

나에게 도전은 삶의 태도이고 존재의 방식이다. 변화는 나를 두렵게 하지 않는다. 나를 가만히 내버려두는 고요함이야말로 내겐 가장 심오한 고통이다. 그래서 나는 또다시 도전한다. 그 뿌리를 붙잡고 나는 또 한 걸음 나아간다. 고통은 동반자다. 그리고 그 고통 끝에서 나는 늘 새로운 나를 만나왔다. 도전하는 자만이 진정한 자유를 얻는다.

"어제와 다른 새로운 오늘을 위해: 산다는 것은, 매일 천천히 태어나는 것이다."

↘ 오늘의 리더 메시지

"도전은 한 번의 선택이 아니라 매일의 태도이며, 편안함을 버리고 성장을 선택하는 용기가 진정한 나를 만나게 하고, 오늘의 작은 도전이 내일의 완전히 새로운 나를 창조한다."

19

미생이라는 이름의 도전

> "완벽한 사람은 없다. 하지만 포기하지 않는 사람은 있다."
>
> —작자미상

거창하지 않은 도전의 의미

'도전'이라는 말을 들으면 보통은 뭔가 거창한 걸 떠올리게 된다. 창업, 시험, 이직, 혹은 누가 봐도 멋진 일… 그런데 드라마 《미생》을 보고 나니까 생각이 조금 바뀌었다. 도전이라는 건 꼭 세상을 뒤집어엎는 큰 일만이 아니라는 걸.

몇 년 전 회사에서 신입사원으로 들어온 김 대리가 생각난다. 그는 다른 동기들에 비해 스펙이 부족했다. 명문대 출신도 아니고, 토익 점수도 높지 않았다. 하지만 그에게는 특별한 것이 있었다. 매일 아침 가장 먼저 출근해서 사무실을 정리하고, 선배들의 업무를 도우며, 작은 일이라도 최선을 다하는 자세였다. 미생 속 주인공 장그래처럼.

이력서 한 장 내밀 힘도 없는 사람

미생 속 주인공 장그래는 이력서 한 장 내밀 힘도 없는 인물이다. 빽도 없고 학벌도 없고 말주변도 별로 없다. 하지만 그는 출근하고 눈치 보고 혼나고 또 출근한다. 드라마에서 보여주는 건 거대한 성공이 아니라 아주 작고 조용한 싸움들이다. 어쩌면 진짜 도전은 바로 그거 아닐까 싶다.

매일 무너지지 않고 나 자신을 다시 일으키는 일. 하루하루를 겨우 버텨내는 그 일상의 반복. 최근 한 후배가 힘들어하며 찾아왔다.

"선배님, 저 정말 못하는 것 같아요. 매일 혼나기만 하고, 실수만 해요."

그때 장그래가 떠올랐다. 그도 처음엔 그랬다. 하지만 포기하지 않았다.

"괜찮아. 실수해도 다시 하면 돼. 중요한 건 포기하지 않는 거야."

그 후배는 지금 팀의 핵심 멤버가 되어 있다.

말하지 못하는 마음들

장그래는 제대로 된 '말'도 잘 못 한다. 하고 싶은 말은 목까지 차올랐다가 결국 삼키고 만다. 나도 가끔 그런다. 괜히 나서면 찍힐까봐, 또는 말해봤자 달라지는 건 없을까 봐.

어느 날 회의에서 좋은 아이디어가 떠올랐지만 말하지 못했다. '내가 말해도 될까?' '혹시 이상하게 들릴까?' 하는 생각에 망설이다가 기회를 놓쳤다. 그런데 나중에 다른 사람이 비슷한 아이디어를 내자 모든 사람이 손뼉을 쳤다. 그때 깨달았다. 말하지 않으면 기회는 오지 않는다는 걸.

조금씩 달라지는 힘

하지만 장그래는 조금씩 달라진다. 혼자 책을 보고 낯선 환경에 적응하고 거절당하고도 다시 해본다. 그 모든 과정이 거창하지 않아서 더 찡했다. 우리가 모두 겪는 익숙한 감정이니까.

김 대리의 변화 과정을 지켜보는 것도 그랬다. 처음엔 엑셀도 제대로 못 다뤘지만, 야근을 하면서 배웠다. 프레젠테이션을 떨면서 했지만, 계속 시도했다. 6개월 후 그는 완전히 달라져 있었다. 여전히 완벽하지는 않았지만, 확실히 성장해 있었다. 성장은 갑자기 오지 않는다. 매일의 작은 노력이 쌓여서 만들어진다.

위가 아닌 앞으로

이 드라마는 말한다.

"도전이란 꼭 위를 향하는 방향이 아닐 수도 있다."

옆으로 가더라도 뒤로 물러서더라도 멈추지 않으면 그건 도전이라고… 완벽해지는 게 목표가 아니라 '나아가는 것' 자체가 의미라고…

얼마 전 팀 회의에서 한 팀원이 말했다.

"저희가 1등은 못 해도, 포기하지 않고 끝까지 해봅시다."

그 말이 팀 전체에 힘을 주었다. 우리는 가장 뛰어난 팀은 아니었지만, 가장 끈질긴 팀이 될 수 있었다. 결과적으로 그 프로젝트는 성공했다.

나의 바둑판, 나의 도전

미생은 결국 내 이야기였다. 나도 매일 회사라는 바둑판에 돌 하나 올려놓는 사람이다. 때로는 패하고 때로는 운 좋게 한 수 이기기도 하면서 그저 아직 끝나지 않은 한판을 두는 중이다.

어제도 작은 실수를 했다. 중요한 메일을 늦게 확인해서 고객에게 사과해야 했다. 예전 같았으면 하루 종일 자책했을 텐데, 이제는 다르다.

'실수했구나. 다음엔 더 주의하자.'

실수도 성장의 일부라는 걸 배웠다.

서 있는 이 자리의 의미

지금 내가 서 있는 이 자리, 어쩌면 그 자체가 가장 값진 도전인지도 모른다. 매일 출근해서 업무를 처리하고, 동료와 소통하고, 작은 성과를 만들어가는 것. 이 모든 것이 도전이다. 거창하지 않은, 의미 있는 도전. 당신도 지금 어떤 도전을 하고 있는가? 완벽하지 않아도 괜찮다. 느려도 괜찮다. 때로는 실패해도 괜찮다. 중요한 건 멈추지 않는 것이다. 장그래처럼, 김 대리처럼, 그리고 우리 모두처럼. 매일 자신만의 바둑판에서 한 수씩 두어가는 것. 그것이 바로 미생이라는 이름의 도전이다.

"당신의 작은 걸음이 누군가에게는 큰 용기가 되고, 매일의 작은 노력이 쌓여 거대한 변화를 만들며, 포기하지 않고 서 있는 그 자리 자체가 가장 값진 도전이다."

사랑

LOVE

20

나는 자비로운 독재자가 되기로 선택한다

> "리더십은 사람들을 관리하는 것이 아니다.
> 사람들이 가고 싶어 하는 곳으로 이끄는 것이다."
>
> —켄 블랜차드(Ken Blanchard)

우리는 종종 리더십을 부드러움과 강함 중 하나를 선택해야 하는 이분법적 개념으로 이해한다. 하지만 진정한 리더십은 사랑과 단호함이 조화를 이루는 예술이다. 나는 이것을 '자비로운 독재자형 리더십'이라 부르며, 이것이야말로 구성원들을 진정으로 성장시키는 리더십의 본질이라고 믿는다.

착한 리더는 실패한다

모든 리더는 사랑받고 싶어 한다. 팀원들에게 좋은 사람으로 기억되고 싶고, 누구에게도 상처 주지 않고 싶어 한다. 하지만 이런 마음만으로는 진정한 리더가 될 수 없다. 자비로운 독재자형 리더가 되어야 하는 이유는 단순한 친근함만으로는 구성원들에게 진정한 성장의 기회를 제공할 수 없기 때문이다. 좋은 분위기 조성에만 몰두하다 보면 중요한 방향 제시와 필요한 도전을 놓치게 되고, 결국 구성원들은 안주하는 편안함 속에서 자신의 잠재력을 발견하지 못한 채 머물게 된다.

어느 날 회의실에서 목격한 장면이 있다. 명백히 잘못된 방향으로 흘러가는 프로젝트가 있었는데, 팀장은 "다들 열심히 하고 있으니까 괜찮아."라며 웃기만 했다. 그때 나는 깨달았다. 때로는 사랑하기 때문에 단호해야 한다는 것을.

사랑하기 때문에 단호하다

진정한 리더는 미움받을 각오가 되어 있는 사람이다. 구성원의 성장을 위해서라면 때로는 불편한 진실을 말하고, 어려운 결정을 내린다. 이는 단순한 친화력만으로는 사람을 진정으로 변화시킬 수 없다는 현실 때문이다.

몇 년 전 한 팀원과의 일을 떠올린다. 그는 능력이 있었지만 안주하는 습관이 있었다. 다른 사람들은 "그래도 열심히 하잖아"라고 했지만 나는 달랐다.

"당신은 이것보다 훨씬 더 할 수 있는 사람이에요. 지금 이 정도에 만족하면 안 돼요."

처음엔 그가 불편해했다. 하지만 6개월 후 그는 내게 고맙다고 말했다. 사랑하기 때문에 단호했던 그 순간이 그를 성장시켰다.

명확함 속의 온기

머뭇거리는 순간, 팀은 방향을 잃는다. 명확해야 비로소 이끌 수 있다. 대부분의 리더는 "상처 주지 않을까?"라고 고민하지만, 진정한 리더는 다르게 생각한다.

"내가 명확하게 이끌지 않으면 이 사람들은 언제까지 헤맬 것인가?"

이것이 바로 자비로운 독재자형 리더십의 본질이다.

작년 우리 팀이 중요한 기로에 섰을 때였다. 모든 사람이 다른 의견을 내며 혼란스러울 때, 나는 명확하게 말했다.

"이렇게 가겠다. 제가 책임지고 이끌어가겠다."

그 명확함이 팀에 안정감을 주었다.

자비로운 독재자형 리더십의 세 가지 힘

이러한 리더십이 필요한 구체적인 근거는 세 가지다.

첫째, 구성원들에게 명확한 방향을 제시하면서도 강요가 아닌 따뜻한 격려로 이끌어야 하기 때문이다. 방향 없는 팀은 에너지만 소모하고 결과는 없다. 하지만 강압적인 방향 제시는 구성원들의 자발성을 죽인다. 진정한 리더는 명확한 길을 보여주면서도 함께 걷고 싶게 만드는 사람이다.

최근 새로운 프로젝트를 시작할 때였다. 나는 팀원들에게 분명하게 말했다.

"이 길이 맞다. 어렵겠지만 함께 해보자. 제가 앞장서겠다."

강요가 아닌 확신이었다. 그 확신이 팀원들에게 용기를 주었다. 명확함과 따뜻함이 만나면 강력한 추진력이 된다.

둘째, 반복적으로 중요한 가치를 강조하면서도 구성원이 좌절하지 않도록 끝까지 곁에서 응원해야 하기 때문이다.

가치는 한 번 말한다고 전달되지 않는다. 계속 반복해야 하고, 때로는 단호하게 지켜내야 한다. 하지만 그 과정에서 구성원들이 지치지 않도록 따뜻한 격려도 함께 전해야 한다.

우리 팀의 핵심 가치 중 하나는 '완벽보다 완성'이다. 이를 위해 나는 끊임없이 말한다.

"완벽하지 않아도 괜찮다. 일단 해보자." 하지만 동시에 가치에 대한 기준은 절대 낮추지 않는다. 일관된 메시지와 변함없는 지지가 팀의 문화를 만든다.

셋째, 단순한 업무 관리를 넘어 구성원 한 사람 한 사람을 진심으로 믿고 끝까지 책임지려는 사랑의 마음을 보여야 하기 때문이다. 자비로운 독재자의 핵심은 '사랑'이다. 강해 보이지만 그 중심에는 깊은 애정이 있다. 구성원 개개인의 성장을 진심으로 원하고, 그들의 성공을 위해 기꺼이 어려운 역할을 감당한다.

어느 날 한 팀원이 큰 실수를 했을 때였다. 다른 사람들은 "이번엔 좀 심했다."고 했지만, 나는 그를 따로 불러 말했다.

"실수는 실수다. 하지만 당신을 포기하지 않을 거다. 함께 해결해보자."

엄격함 뒤에 숨어 있는 사랑을 느낄 때, 사람들은 진정으로 변화한다.

균형의 예술

자비로운 독재자형 리더십은 계획이 아니라 균형이다. 상황에 따라 부드러움과 단호함을 절묘하게 조화시키는 예술이다. 결국 자비로운 독재자형 리더십은 다정함 속에 단호함을 품고, 부드러움 속에 명확함을 담아내는 균형의 예술이다. 최근 어려운 결정을 내려야 할 때가 있었다. 팀원 모두가 반대하는 상황에서 나는 말했다.

"여러분의 의견을 이해한다. 하지만 이게 맞는 길이라고 확신한다. 저를 믿고 따라와 달라."

부드럽지만 흔들리지 않는 확신이 팀을 움직였다.

오늘 시작하는 균형

오늘, 당신의 리더십에 균형을 더해보라. 너무 부드럽다면 조금 더 단호하게, 너무 강하다면 조금 더 따뜻하게. 미뤄왔던 어려운 대화를 용기 있게 시작해 보거나, 힘들어하는 팀원에게 따뜻한 격려를 건네 보거나, 팀의 방향을 명확하게 제시해 보라. 작은 균형이 큰 변화를 만든다.

사랑이 깊고 의지가 강한 사람이 되어라

이러한 리더의 사랑은 구성원들이 스스로 일어설 수 있는 내적 에너지가 되고, 두려움 앞에서 머뭇거리는 이들에게 용기를 건네는 따뜻한 손길이 된다. 완벽한 순간을 기다리지 않고 지금 이 순간 함께 걸으며 성장하려는 리더의 의지가 바로 팀을 변화시키는 원동력인 것이다.

결국 성공하는 팀은 사랑이 깊고 의지가 강한 자비로운 독재자형 리더가 이끄는 팀이다. 당신이 먼저 균형을 보여줄 때 팀 전체가 안정감을 갖게 된다. 당신이 보여주는 사랑과 단호함을 통해 새로운 성장이 시작된다. 그리고 그 균형 속에서 모든 구성원이 자신의 최고를 발견하게 될 것이다. 오늘부터 균형 잡힌 리더가 되어 보라. 사랑하기 때문에 단호하고, 단호하지만 따뜻한 자만이 진정한 리더가 된다.

＼ 오늘의 리더 메시지

"진정한 리더십은 사랑과 단호함의 균형에서 시작된다."

21

나는 여전히 사랑이 서툰 리더이다

"그가 있는 곳엔 늘 신뢰와 웃음이 흐른다."

이 문장은 드라마 〈슬기로운 의사생활〉 이익준을 한 마디로 표현한 문장이다. 이 문장을 들었을 때, '맞아, 저게 진짜 리더지'라는 생각이 들면서 가슴이 순간 두근거렸다. 언젠가 내가 닮고 싶은 리더십의 방향이 담겨 있었던 것 같다. 그는 뛰어난 실력을 지닌 의사였지만 사람들이 그를 따르는 진짜 이유는 따로 있었다.

누군가 실수했을 땐 조용히 따뜻한 커피 한 잔을 건네고, 모두가 긴장할 땐 한 마디 농담으로 웃게 했다. 그는 늘 상황보다 사람의 마음을 먼저 살폈고, 그 따뜻한 배려가 결국 모든 분위기를 바꾸었다.

성과보다 마음을 먼저 본 시간들

이익준을 볼 때마다, 나도 그런 리더가 되고 싶다고 생각한다. 하지만 솔직히 말하자면, 나는 늘 그렇게 따뜻한 리더는 아니었다. 성과를 만드는 데 더 집중했고, 조직을 효율적으로 이끌어야 한다고 믿었다. 그러다 보니 사람의 마음을 놓치는 순간이 많았다.

어느 날 한 팀원이 어려운 상황을 털어놓았을 때 일이 기억난다. 나는 해결책만 제시했다. "이렇게만 하시면 됩니다."라고 말하며 그의 감정은 보지 못했다.

그때 그 팀원의 표정을 지금도 기억한다. 실망한 듯한, 외로워 보이던 그 눈빛을. 내가 조금만 더 그들의 속도를 존중하고, 조금만 더 디테일하게 바라봤더라면 함께 오래 걸어갈 수 있었을지도 모른다는 생각을 자주 한다.

사람을 잃고 나서야 깨닫는 것들

정말 좋은 사람들을 떠나보낸 적이 있다. 능력도 좋고, 성실하고, 함께하고 싶었던 사람들을. 그들이 떠날 때마다 나는 스스로에게 물었다.

"내가 과연 사랑하는 리더였을까?"

그리고 그 아쉬움은 아직도 제 마음속에 남아있다. 이는 사람 중심의 리더십 없이는 진정한 성공을 만들 수 없다는 현실 때문이다.

내가 하고 있는 이 비즈니스는 사람을 만나고, 관계를 맺고, 변화의 가능성을 함께 발견하는 커뮤니티 기반의 비즈니스다. 그래서 나는, 신뢰와 웃음이 흐르는 리더, 그 곁에 있으면 마음이 편해지는 리더, 사랑이 있는 리더가 되어야 한다고 믿는다.

작년 한 팀원이 나에게 말했다.

"대표님과 함께 있으면 안전하다는 느낌이 들어요."

그때 비로소 알았다. 사람이 원하는 건 완벽한 리더가 아니라 안전한 리더라는 것을.

사랑하는 리더십이 필요한 이유

머뭇거리는 순간, 관계는 식어간다. 사랑해야 비로소 이끌 수 있다. 대부분의 리더는 "어떻게 하면 성과를 낼까?"라고 묻지만, 진정한 리더는 다르게 묻는다.

"어떻게 하면 이 사람이 행복할까?"

이것이 바로 사랑하는 리더십의 본질이다.

사랑하는 리더십이 강력한 이유 세 가지

첫째, 사람은 성과만으로 움직이지 않기 때문이다. 좋은 성과는 '이해받고 있다'는 감정에서 시작된다. 내가 존중받고 있다고 느끼는 순간, 사람은 마음을 열고 능력을 펼치게 된다. 사랑의 리더십은 팀원이 스스로 빛나게 만드는 가장 큰 힘이다. 이해받는다는 느낌이 사람을 가장 크게 성장시킨다.

둘째, 관계 중심의 비즈니스는 결국 '신뢰의 연결'로 완성되기 때문이다. 전략보다 더 강력한 건, '내 옆에 있는 사람이 날 진심으로 생각해 준다'는 느낌이다. 그 감정이 누적될 때, 커뮤니티는 단단해져 비즈니스는 '성장'을 넘어 '확장'하게 된다. 우리 커뮤니티에서 가장 오래 머무르는 사람들의 공통점을 발견했다. 그들이 머무르는 이유는 단순했다. 여기 있는 사람들이 좋아서.

어느 날 한 팀원이 말했다.

"여기서는 제가 깊이 이해 받고 있다는 느낌이 들어요."

진심이 통하는 관계가 가장 강력한 비즈니스 자산이다.

셋째, 사랑이 없는 리더는 오래갈 수 없기 때문이다. 리더십은 기술이 아니라 사람의 마음을 다루는 일이며, 사랑 없이 이끄는 조직은 결국 벽에 부딪힌다. 그 벽을 넘는 유일한 힘은, 결국 '진심'이다.

어려운 시기를 겪었을 때를 떠올린다. 모든 것이 흔들릴 때, 우리를 지켜준 건 시스템이 아니라 관계였다. 서로를 진심으로 생각하는 마음이 위기를 기회로 바꿔주었다. 사랑이 있는 조직만이 어려움을 함께 이겨낼 수 있다.

여전히 배우고 있다

나는 여전히 사랑이 서툰 리더다. 완벽하지 않고, 때로는 실수하고, 아직도 배우고 있다. 하지만 이제는 조금 알 것 같다. 사람을 남기는 리더, 마음을 연결하는 리더가 우리 사업에서 가장 강한 리더라는 걸. 최근 한 팀원이 물었다.

"어떻게 하면 좋은 리더가 될 수 있나요?"

나는 이렇게 답했다.

"가르치려 하지 말고, 아껴주는 마음을 보여주세요."

완벽한 리더보다 사랑하는 리더가 더 강하다.

오늘 시작하는 작은 사랑

오늘, 누군가의 마음을 먼저 바라보는 '사랑의 리더'가 되어라. 당신의 그 따뜻한 시선 하나가 누군가의 하루를 바꾸고, 마음을 열게 하고, 새로운 가능성을 발견하게 한다.

마음을 살피는 사람이 되어라

좋은 리더는 결과를 이끄는 사람이 아니라, 마음을 살피는 사람이다. 신뢰와 웃음을 흐르게 하는 그 한 사람이 조직의 온도를 바꾼다. 당신이 먼저 마음을 열 때, 다른 사람들도 마음을 열기 시작한다. 당신이 보여주는 진심을 통해 새로운 신뢰가 쌓인다. 그리고 그 온기 속에서 모든 사람이 자신의 진정한 모습을 발견하게 될 것이다. 오늘부터 사랑하는 리더가 되어 보라. 사랑이 서툴어도 괜찮다.

진심이면 된다.

＼ 오늘의 리더 메시지

"사람의 마음을 먼저 바라보는 따뜻한 시선이 최고의 성과를 만들며, 그 한 마디 따뜻한 말이 누군가에겐 다시 일어설 용기가 된다."

22

책임감으로 피어나는 리더십의 온기

> "사랑한다는 것은 상대방의 행복을
> 자신의 행복보다 더 중요하게 여기는 것이다."
>
> —로버트 A. 하인라인(Robert A. Heinlein)

진정한 리더십은 책임감에서 피어나는 사랑의 온기이다. 왜냐하면 리더십의 본질은 누군가를 이끄는 것만이 아니라, 그 사람의 빈틈을 채우고 함께 성장하는 책임 있는 행동이기 때문이다. 우리는 늘 누군가를 이끌어야 하는 자리에 있다. 아이들을 가르칠 때도, 사업을 펼칠 때도, 누군가에게 감동과 영감을 주고 싶은 마음이 있기에 늘 노력하고 싶었다. 하지만 마음만으로는 부족하다는 걸 과정마다 삶을 통해 매번 가르쳐 주었다.

마음만으로는 부족하다

모든 리더는 선한 마음으로 시작한다. 팀원들을 위하고 싶고, 더나은 결과를 만들고 싶고, 함께 성장하고 싶은 그 마음으로. 하지만 현실은 마음만으로는 해결되지 않는다. 리더십은 감정이 아니라 책임이다.

어느 날 팀 미팅에서 일어난 일이 기억난다. 한 팀원이 어려움을 호소했을 때, 나는 "힘내세요"라는 말만 반복했다. 진심이었지만, 그 팀원에게는 구체적인 도움이 되지 못했다. 그때 깨달았다. 사랑은 말이 아니라 행동이라는 것을. 그 이후로 나는 달라졌다. 문제가 생기면 함께 해결책을 찾고, 어려움이 있으면 구체적인 지원을 제공했다. 진정한 사랑은 책임질 각오에서 시작된다.

책임질 수 있는 용기

머뭇거리는 순간, 팀은 방향을 잃는다. 책임져야 비로소 이끌 수 있다. 대부분의 사람은 "내가 정말 할 수 있을까?"라고 묻지만, 진정한 리더는 다르게 묻는다.

"내가 이 책임을 지지 않으면 이 사람들은 누구를 믿고 따를 것인가?"

이것이 바로 책임감으로 피어나는 리더십의 본질이다.

작년 우리 팀이 큰 위기를 맞았을 때였다. 모든 사람이 "어떻게 해야 할까요?"라고 물었지만, 나는 먼저 말했다.

"제가 책임지겠습니다. 함께 헤쳐 나가 봅시다."

그 한 마디가 팀 전체에 안정감을 주었다.

책임감 있는 리더십의 세 가지 힘

이러한 책임감 있는 리더십이 중요한 이유는 세 가지로 설명할 수 있다.

첫째, 진정한 리더십은 실패를 두려워하지 않는 용기에서 시작되기 때문이다. 완벽한 리더는 없다. 하지만 실패해도 다시 일어나 책임지려는 리더는 있다. 팀원들이 따르는 건 완벽한 사람이 아니라 책임감 있는 사람이다.

최근 한 프로젝트에서 내 판단 실수로 인해 결과가 기대한 만큼 나오질 않았다. 변명할 수도 있었지만, 나는 팀 앞에서 솔직하게 말했다.

"제 판단이 성과로 이어진 것 같지 않아요. 다시 한번 고민하고 집중해서 최고의 결과를 만들어 볼게요."

그 순간 팀원들의 눈빛이 달라지는 걸 느꼈다. 실망이 아니라 신뢰였다. 실패를 인정하고 책임지는 모습이 더 큰 신뢰를 만들어 낸다.

둘째, 남 탓보다는 내 역할을 먼저 돌아보는 성찰적 태도가 필요하기 때문이다. 문제가 생겼을 때 리더의 첫 번째 본능은 원인을 찾는 것이다. 하지만 진정한 리더는 원인보다 해결책을, 탓하기보다 책임지기를 선택한다.

셋째, 무엇보다 사람에 대한 책임을 사랑으로 받아들이는 마음이 모든 리더십의 근간이 되기 때문이다. 사람을 이끈다는 것은 그 사람의 꿈과 희망에 책임을 지는 것이다. 그 무게를 사랑으로 받아들일 때, 진정한 리더십이 시작된다.

어느 날 한 팀원이 개인적인 어려움으로 힘들어할 때, 나는 단순히 업무만 챙기지 않았다. 그의 상황을 이해하고, 함께 해결책을 찾아주려는 것에 진심을 다했다. 그때 그 팀원이 말했다.

"덕분에 다시 일어설 수 있었습니다."

사람에 대한 사랑이 진정한 리더십의 힘이었다.

매일의 선택

언젠가 우리는 자신에게 이런 질문을 던져야 한다.

"나는 정말 책임지는 리더인가?"

"사랑으로 사람을 이끄는 사람인가?"

그 질문 앞에 서 있던 모습이 조금 지쳐 있고, 또 조금은 무뎌져 있을 때도 있다. 그렇기에 우리는 더 이상 완벽한 사람이 되려고 하지 않고, 매일 사랑으로 책임지는 리더가 되기 위해 움직여야 한다. 리더십은 하루아침에 완성되는 것이 아니라 매일의 선택으로 만들어지는 것이다.

최근 어려운 결정을 내려야 할 때가 있었다. 쉬운 길과 책임감 있는 길 사이에서 나는 후자를 선택했다.

"오늘도 사랑으로 책임지자."

그 다짐이 나를 더 강한 리더로 만들어주었다.

오늘 시작하는 작은 책임

오늘, 작은 책임 하나를 사랑으로 받아들여 보라. 당신의 그 따뜻한 책임감 하나가 누군가의 희망이 되고, 팀의 온기가 되고, 새로운 성장의 시작이 된다. 미뤄왔던 팀원과의 대화를 시작해 보거나, 어려워하는 후배에게 손을 내밀어보거나, 힘든 결정을 용기 있게 내려보라. 작은 사랑이 큰 변화의 씨앗이다.

온기를 전하는 사람이 되어라

처음엔 아무것도 없는 시작이었을지라도, 어느 날은 체력 하나로, 어느 날은 사람들과의 신뢰 하나로 길을 만들어가며 여기까지 왔다. 누군가의 기대를 등에 지고, 혼자 감당해야 할 무게 앞에서 흔들릴 때도 많았지만, 지금 돌아보면 그 모든 시간이 리더십의 뿌리가 되었다.

오늘도 우리는 누군가의 가능성을 믿고, 그 가능성 앞에 시간을 내어주며, 함께 성장할 수 있도록 기꺼이 한 걸음 더 다가간다. 결국 성공하는 팀은 책임감으로 피어나는 사랑의 온기를 가진 리더가 이끄는 팀이다. 사랑은 말이 아니다. 사랑은 내가 먼저 움직이는 것이다. 그리고 우리는 오늘도 그 사랑을 행동으로 증명해 나가는 리더의 길 위에 서 있다. 당신이 먼저 온기를 전할 때, 팀 전체가 따뜻하다. 당신이 보여준 책임감을 통해 새로운 신뢰가 쌓인다. 그리고 그 온기 속에서 모든 사람이 자신의 최고를 발휘하게 될 것이다. 오늘부터 온기를 전하는 리더가 되어 보라. 사랑으로 책임지는 자만이 진정한 리더가 된다.

＼ 오늘의 리더 메시지

"리더십은 완벽함이 아니라 책임감에서 시작되고, 오늘 나의 온기가 팀 전체를 변화시키는 힘이 된다."

23
리더십의 첫째 딸은 사랑이다

> "사랑은 우리가 할 수 있는 가장 현실적인 것이다."
>
> —달라이 라마(Dalai Lama)

최근 개봉한 영화 《킹 오브 킹스》를 보며 깊은 울림을 받았다. 이 영화는 예수 그리스도의 생애를 통해 진정한 리더십의 본질을 보여준다. 그가 보여준 리더십의 핵심은 권력도, 카리스마도, 전략도 아니었다. 바로 사랑이었다. 영화 속에서 예수는 말한다.

"서로 사랑하라. 이것이 내가 너희에게 주는 새 계명이니라."

이는 단순한 도덕적 가르침이 아니라, 가장 강력한 리더십 원칙의 선언이었다. 권력으로는 진정한 변화를 만들 수 없다.

많은 리더가 권력으로 사람을 움직이려 한다. 명령과 통제, 보상과 처벌을 통해 조직을 이끌어간다. 하지만 이런 방식으로는 진정한 변화를 만들 수 없다. 진정한 리더십의 본질은 사랑 자체다.

《킹 오브 킹스》에서 예수는 어떤 강제력도 사용하지 않는다. 군대도, 무력도, 정치적 권력도 없다. 오직 사랑으로만 사람들을 이

끈다. 그 결과는 놀랍다. 제자들은 자발적으로 그를 따르고, 생명을 바칠 각오로 그의 뜻을 실현하려 한다. 2000년이 지난 지금까지도 전 세계 수십억 명이 그의 리더십에 감화되어 살아간다. 사랑이야말로 가장 강력한 리더십의 힘이다.

비즈니스에서 사랑 리더십의 현실성

많은 사람들이 비즈니스에서 사랑을 말하는 것을 비현실적이라고 생각한다. 하지만 실제로는 정반대다. 이는 사랑이 가장 현실적이고 실용적인 리더십 도구이기 때문이다.

몇 년 전 한 스타트업 CEO를 만났을 때의 일이다. 그는 직원들을 정말 가족처럼 대했다. 그들의 성장을 진심으로 걱정하고 개인적인 어려움도 함께 해결해 주려 했다. 처음엔 "너무 감정적이다."라는 평가도 있었다. 하지만 결과는 놀라웠다. 직원들의 이직률은 거의 0%에 가까웠고, 모두가 회사를 위해 자발적으로 최선을 다했다. 진심으로 사랑받는 직원들이 가장 높은 성과를 낸다.

사랑 중심 리더십의 변화 과정

머뭇거리는 순간, 관계는 식어간다. 사랑해야 비로소 진정으로 이끌 수 있다. 대부분의 리더는 "어떻게 하면 성과를 낼까?"라고 묻지만, 진정한 리더는 다르게 묻는다.

"어떻게 하면 이 사람들을 더 사랑할 수 있을까?"

이것이 바로 사랑 중심 리더십의 출발점이다.

최근 한 팀장이 어려움을 겪고 있을 때였다. 팀원들과 관계가 소원해지고, 성과도 나오지 않았다. 그때 나는 조언했다.

"성과를 잊고 먼저 그들을 사랑해 보세요."

3개월 후, 그 팀은 완전히 달라져 있었다. 분위기도 좋아지고, 성과도 크게 향상되었다. 사랑이 먼저일 때 성과는 자연스럽게 따라온다.

사랑 리더십이 비즈니스를 변화시키는 세 가지 이유

《킹 오브 킹스》의 예수가 보여준 사랑 리더십을 비즈니스에 적용할 때 강력한 이유는 세 가지다.

첫째, 사랑받는 직원들은 단순한 업무 수행자가 아니라 조직의 주인 의식을 갖게 되어 누가 시키지 않아도 스스로 최선을 다하기 때문이다. 명령으로 움직이는 사람과 사랑으로 움직이는 사람의 차이는 엄청나다. 사랑받는 직원들은 회사를 자기 일처럼 생각한다. 그들은 시키는 일만 하는 것이 아니라, 회사의 성공을 위해 능동적으로 행동한다. 영화에서 제자들이 예수를 위해 모든 것을 바치듯이, 사랑받는 직원들도 조직을 위해 헌신한다.

최근 한 회사에서 위기가 닥쳤을 때 CEO의 진심 어린 사랑을 받아온 직원들이 자발적으로 급여 삭감을 제안했다. 강요한 것이 아니라 스스로 나선 것이었다. 사랑이 주인의식을 만들고, 주인의식이 헌신을 만든다.

둘째, 사랑하는 리더 주변에는 재능 있는 사람들이 자연스럽게 모여들고, 그들이 자신의 최고 역량을 발휘할 수 있는 심리적 안전감을 제공받기 때문이다. 최고의 인재들은 돈만으로 움직이지 않는다. 그들이 원하는 것은 자기를 이해하고 사랑해 주는 리더, 자신의 성장을 진심으로 걱정해 주는 환경이다. 사랑하는 리더 밑에서 사람들은 두려움 없이 도전하고, 실패해도 다시 일어설 수 있다.

《킹 오브 킹스》에서 예수 주변에 다양한 배경의 제자들이 모여든 것처럼, 사랑하는 리더 주변에는 뛰어난 인재들이 모인다. 한 스타트업 CEO는 "우리 회사에 오면 가족이 됩니다."라고 말했다. 그 진심이 전해져서 업계 최고의 인재들이 그 회사로 몰려들었다. 사랑이 인재를 끌어들이고, 인재가 성공을 만든다.

셋째, 사랑 기반의 조직 문화는 어려운 시기에도 결속력을 유지하며, 위기를 오히려 더 강한 팀으로 성장하는 기회로 만들기 때문이다. 비즈니스에는 반드시 어려운 시기가 온다. 그때 권력이나 돈으로 묶인 관계는 쉽게 깨진다. 하지만 사랑으로 맺어진 관계는 오히려 위기에서 더 강해진다. 영화에서 예수가 십자가에 못 박혔을 때, 제자들은 절망했지만 포기하지 않았다. 오히려 그 사랑을 기억하며 더 강한 공동체를 만들었다.

코로나로 한 회사가 큰 어려움을 겪었을 때, 평소 직원들을 사랑으로 대했던 CEO 덕분에 아무도 떠나지 않았다. 오히려 모든 직원이 "함께 이겨내자."라며 더 단결했다. 사랑이 위기를 기회로 바꾸는 힘이다.

사랑하는 리더가 되어라

《킹 오브 킹스》의 예수처럼, 진정한 리더는 사랑으로 이끈다. 그 사랑은 약함이 아니라 가장 강한 힘이다. 사랑하는 리더 밑에서 사람들은 자신의 최고를 발휘한다. 사랑받는 조직은 어떤 어려움도 이겨낸다.

리더십의 첫째 딸은 사랑이다.

당신이 먼저 사랑할 때, 조직 전체로 당신의 온기가 전해진다. 당신이 보여주는 진심을 통해 새로운 문화가 만들어진다. 그리고 그 사랑 속에서 모든 구성원이 자신의 진정한 가능성을 발견하고 최고의 성과를 만들어낼 것이다. 오늘부터 사랑하는 리더가 되어보

라. 사랑하는 자만이 진정으로 이끌 수 있다.

＼ 오늘의 리더 메시지

"사랑은 리더십의 본질이며, 가장 현실적이고 강력한 경영 도구다."

성장

Growth

24
함께 성장하는 팀이 만드는 '내일'의 기적

> "오늘보다 더 나은 내가 되기 위해 매일 한 걸음씩 나아가는
> 것, 그것이 진정한 성공이다."
>
> —마하트마 간디(Mahatma Gandhi)

성장이라는 단어는 혼자의 노력보다 함께함의 의지로 더욱 깊어진다. 팀이 함께 어제보다 나은 오늘을 만들고, 오늘보다 나은 내일을 꿈꿀 때, 그 안에는 개인이 결코 이룰 수 없는 변화와 확장이 일어난다. 이는 단지 성과의 누적이 아니라, 존재의 진화다.

혼자서는 한계가 있다

대부분의 사람은 성장을 개인의 문제로 생각한다. 더 열심히 하고, 더 공부하고, 더 노력하면 된다고 믿는다. 하지만 혼자서는 넘을 수 없는 벽이 있다. 우리는 종종 '더 나아지는 삶'을 개인의 문제로 한정 짓곤 한다. 하지만 '함께 성장하는 문화'가 자리 잡은 팀은 한 사람의 의지가 모두의 에너지로 전이되는 구조를 가진다. 그 안에서는 비교 대신 격려가, 경쟁 대신 협력이, 완벽함 대신 과정의 가치가 우선된다.

바쁜 일상에서 도무지 혼자서는 진도가 나가지 않던 책 읽기도 북클럽 멤버들과 단톡방에서 함께하며 서로 응원하고 격려하며 진행했기에 정해진 기일을 지켜 읽을 수 있었고 각자의 이야기가 더해진 북 토론을 통해 같은 책이라도 다양한 맥락으로 이해할 수 있었던 경험 이후, 오랜 시간 다양한 북클럽에 참여하고 운영하며 지속하고 있다. 그때 깨달았다. 성장은 혼자 하는 것이 아니라 함께 만들어가는 것이라는 걸.

함께 성장하는 문화의 힘

성장의 방향이 외적 성과가 아닌 내면의 확장과 연결될 때, 팀은 진짜 '변화하는 유기체'가 된다. 이는 함께 성장하는 팀만이 가질 수 있는 특별한 화학작용이 있기 때문이다. 몇 년 전 우리 팀이 어려운 프로젝트를 맡았을 때였다. 개인적으로는 모두 부족한 부분이 있었지만, 함께 배우고 도전하면서 놀라운 결과를 만들어냈다. 그 과정에서 각자가 자신도 몰랐던 잠재력을 발견했고, 팀 전체가 한 단계 성장하는 경험을 했다. 함께할 때만 발견할 가능성이 있었다.

함께 성장하는 팀의 변화 과정

머뭇거리는 순간, 개인은 멈춘다. 함께해야 비로소 계속 나아갈 수 있다. 대부분의 사람은 "내가 준비되면 시작할 거야"라고 말하지만, 성장하는 팀은 다르게 생각한다.

"우리가 함께라면 지금도 충분해"

이것이 바로 함께 성장하는 팀의 본질이다.

최근 새로운 도전을 앞두고 팀원들이 망설이고 있을 때였다. 각자 부족한 부분이 있어서 주저하고 있었다. 그때 한 팀원이 말했다.

"완벽하지 않아도 괜찮아요. 함께 배워가면 되잖아요."

그 한 마디가 팀 전체를 움직이도록 만들었다.

함께 성장하는 팀이 내일을 변화시키는 세 가지 이유

함께 성장하는 팀이 내일을 변화시킬 수 있는 이유는 세 가지다.

첫째, 지속적 성장을 위한 자극이 팀 안에서 자연스럽게 일어나기 때문이다. 혼자서는 동기부여를 지속하기 어렵다. 하지만 팀 안에서는 서로가 서로에게 자극과 영감을 준다. 누군가의 성장이 다른 사람의 도전을 불러일으키는 선순환이 만들어진다.

최근 한 멤버가 새로운 프로젝트에 도전하는 모습을 보며, 다른 팀원들도 각자의 목표를 다시 점검하게 되었다. "나도 뭔가 새로운 걸 해봐야겠어."라는 마음이 자연스럽게 생겨났다.

팀이라는 거울은 내가 스스로는 보지 못했던 '가능성의 얼굴'을 비춰준다.

둘째, '함께'의 경험이 개인의 한계를 넘는 통찰로 이어지기 때문이다. 혼자서는 같은 실수를 반복하기 쉽다. 하지만 팀과 함께하면 다른 관점에서 문제를 바라볼 수 있다. 서로의 경험이 연결되어 더 큰 지혜가 만들어진다. 어려운 문제에 부딪혔을 때 각자 다른 방식으로 접근했던 경험을 모아보니 완전히 새로운 해결책이 나왔다. 혼자였다면 절대 찾을 수 없었던 답이었다. 누군가의 작은 성과가 또 다른 누군가의 도전이 되고, 어제 하지 못했던 일이 오늘 누군가의 격려로 완성될 수 있다.

셋째, 성장이 팀의 문화로 내재화될 때 도전이 일상이 되기 때문이다. 개인적인 성장은 때로 중단된다. 하지만 팀의 문화로 자리 잡은 성장은 지속된다. 팀 전체가 성장을 추구하는 분위기에서는 자연스럽게 도전하게 된다. 우리 팀에서는 매주 "이번 주 새로 배운 것"을 나누는 시간이 있다. 작은 것이라도 상관없다. 그 문화 덕분에 모든 팀원이 계속 배우고 성장하려는 습관을 갖게 되었다. 이런 상호 자극은 개인의 한계를 초월한 성장의 가속도를 만들어낸다.

'우리' 중심의 성장

함께 성장하는 팀은 '나'보다 '우리'를 중심에 둔다. 그 안에서는 실패조차 자산이 되고, 시행착오조차 모두의 지혜로 전환된다. 서로의 경험이 하나의 맥락에서 연결될 때, 팀은 더 이상 낱개의 점이 아닌 '의미 있는 궤적'을 남긴다. 혼자였다면 피했을 시도도, 함께라면 감행하게 되는 이유다.

얼마 전 한 팀원이 새로운 아이디어를 제시했을 때였다. 다른 팀원들은 우리가 가진 열악한 조건으로 어떻게 그 일을 할 수 있겠냐는 표정으로 부정적인 반응을 보였다. 하지만 나는 "각자의 장점을 모아 함께 한다면 해낼 수 있으니, 마음을 모아 함께 도전해 보자."라고 했고, 그 도전이 예상치 못한 성과를 가져왔다. 함께 라면 두려움도 용기로 바뀐다.

도전이 일상이 되는 문화

성장이 일회성이 아니라 문화로 정착된 팀은 도전하는 것을 두려워하지 않는다. 익숙함에 머물지 않고 더 나은 방법을 고민하며, 비교가 아닌 개선을 향한 관심이 자연스럽게 흐른다. 매일 조금씩 더 나아지려는 습관은 결국 팀 전체의 체온을 끌어올리는 에너지로 작용한다.

우리 팀에서는 "오늘이 어제보다 나아진 점이 뭐지?"라는 질문이 자연스럽다. 거창한 변화가 아니어도 괜찮다. 작은 개선도 소중히 여기는 문화가 큰 성장을 만들어낸다. 작은 성장의 누적이 기적을 만든다.

오늘 시작하는 함께 성장

오늘, 팀의 성장 문화를 만들어보라. 결국, '함께 성장하는 팀'은 오늘의 문제를 해결하는 팀이 아니라, 내일의 가능성을 준비하는 팀이다. 미뤄왔던 팀원과의 성장 대화를 시작해 보거나, 서로의 도전을 응원하는 문화를 만들어보거나, 함께 배울 기회를 찾아보라. 작은 시작이 큰 변화를 만든다.

함께 걷는 팀이 되어라

그들은 현재를 소진하지 않고, 미래를 준비한다. 그 여정에서 중요한 건 누가 더 빨리 가느냐가 아니라, 누가 끝까지 함께 걷느냐다. 결국 성공하는 팀은, 어제보다 나은 오늘을 만들고, 오늘보다 나은 내일을 함께 설계하는 팀이다. 어깨를 나란히 맞추고, 서로의 걸음을 채우며 나아가는 그 길에서, 진짜 성장은 조용히 이루어진다. 당신이 먼저 성장의 문화를 만들 때, 팀 전체가 변화하기 시작한다. 당신이 보여주는 성장 마인드를 통해 새로운 가능성이 열린다. 그리고 그 함께하는 여정 속에서 모든 팀원이 상상했던 것보다 훨씬 더 큰 성장을 경험하게 될 것이다. 오늘부터 함께 성장하는 팀을 만들어보라. 함께 걷는 팀만이 진짜 멀리 갈 수 있다.

↘ 오늘의 리더 메시지

"성장은 혼자 하는 것이 아니라 함께 만들어가는 기적이다."

25

관계 속에서 피어나는 성장 스토리

"혼자 가면 빨리 갈 수 있지만, 함께 가면 멀리 갈 수 있다."

—아프리카 속담

성장은 혼자서는 할 수 없다

'성장'이라는 게 참 매력 있는 것 같다. 나 혼자 열심히 하면 되는 줄 알았는데 그게 아니다. 진짜 성장은 사람들과 함께 있을 때, 새로운 관계를 만들어갈 때, 그리고 예상치 못한 만남에 마음 열어 응답할 때 비로소 시작된다.

어느 날 깨달았다. 혼자 공부하고, 혼자 노력하고, 혼자 계획을 세우는 것만으로는 진정한 변화가 일어나지 않는다는 것을. 사람은 관계 속에서 자신의 진짜 모습을 발견한다.

좋은 사람들과 팀이 되면서 '나도 그들에게 좋은 사람이 되고 싶다'는 마음이 들었다. 이런 깨달음을 시작으로 관계 속에서 성장이 시작된다는 걸 비로소 알게 되었다. 작가 존 리비가 《당신을 초대합니다》에서 말한 것처럼, 연결은 단순히 사람들과 어울리는 게 아니라 삶의 전환점을 만들어내는 핵심 요소인 것이다.

우리는 매일 초대받고 있다

생각해 보면 우리는 정말 많은 초대를 받고 있다. 오프라인 모임에 나와 보라는 말, 새로운 일에 도전해 보자는 제안, 처음 보는 사람과의 만남… 온라인에서도 독서와 다이어트, 건강 등 다양한 문화를 이야기한다. 이런 것들이 낯설고 불편할 때가 많다. 그래서 간혹 거절하거나 피하기도 하는데, 사실 인생의 진짜 변화는 이런 초대에 어떻게 반응하느냐에 달려 있다.

어느 날 한 동료가 새로운 프로젝트에 참여해 보라고 제안했다. 정말 부담스럽고 두려웠다. 실패할 것 같았고, 내가 할 수 있을지 의문이었다. 하지만 그 초대에 응답했고, 그것이 내 인생의 터닝 포인트가 되었다. 초대에 응답하는 용기가 성장의 시작이다.

불편함을 넘어서는 관계

불편한데도 불구하고 이렇게 맺어지는 관계 속에서 성장이 일어나는 이유는 분명히 있다. 머뭇거리는 순간, 기회는 지나간다. 관계를 맺어야 비로소 성장할 수 있다. 대부분의 사람은 "내가 준비되면 시작할 거야"라고 말하지만, 진정한 성장은 다르게 시작된다.

"지금 이 관계 속에서 무엇을 배울 수 있을까?"

이것이 바로 관계 중심 성장의 본질이다.

최근 새로운 사람들과 프로젝트를 함께 하게 되었다. 처음엔 어색하고 힘들었지만, 점차 그들로부터 배우는 것들이 많아졌다. 그 관계가 나를 예상치 못한 방향으로 성장시켰다.

관계 속 성장의 세 가지 힘

불편한데도 불구하고 이렇게 맺어지는 관계 속에서 성장이 일어나는 데는 세 가지 이유가 있다.

첫째, 나를 그대로 보여줄 수 있는 공간에서 진짜 내 모습을 발견하게 되면서 비로소 성장한다. 혼자 있을 때는 내 진짜 모습을 알기 어렵다. 하지만 다른 사람들과 함께 할 때, 내가 어떤 사람인지 명확하게 보인다. 때로는 부족한 모습을, 때로는 숨어 있던 장점을 발견하게 된다. 최근 팀 활동을 하면서 내가 생각보다 꼼꼼한 사람이라는 걸 알게 되었다. 혼자서는 몰랐던 나의 장점이었다. 반대로 급할 때 다른 사람 말을 잘 안 듣는다는 단점도 발견했다. 관계는 나에게 거울이 되어준다.

둘째, 다른 사람의 눈을 통해 내 안에 숨어있던 가능성과 잠재력을 발견하는 거다. 혼자서는 내 한계만 보이지만, 다른 사람들은 내 가능성을 본다. 누군가가 먼저 알아봐 주는 경험, 참 소중하다. 어느 날 선배가 말했다.

"당신에게는 사람들을 편안하게 만드는 특별한 능력이 있어요."

그전까지는 몰랐던 나의 강점이었다. 그 한 마디가 내가 리더십을 개발하는 계기가 되었다. 다른 사람의 인정이 내 안의 잠재력을 깨운다.

셋째, 함께 뭔가를 해 나가는 과정에서 혼자서는 낼 수 없는 용기와 힘을 얻을 수 있기 때문이다. 혼자서는 포기하고 싶을 때가 많다. 하지만 함께하는 사람들이 있으면 다르다. 그들의 응원이 내게 힘을 주고, 책임감이 나를 더 강하게 만든다. 작년 어려운 도전을 앞두고 있을 때였다. 혼자였다면 절대 시도하지 못했을 일이었다. 하지만 팀원들이 함께하겠다고 했고, 그 믿음이 나를 앞으로 나아가게 했다. 함께하는 힘이 개인의 한계를 넘어선다.

의미 있는 연결의 힘

존 리비가 말하는 '의도적인 연결'! 그냥 만나는 게 아니라 의미 있는 목적을 가지고 함께 뭔가를 해 나가는 관계. 사람은 고립 속에서는 흔들리지만, 관계 속에서 견고해진다. 함께 책을 읽고, 누군가의 이야기에 귀를 기울이고, 새로운 관점을 받아들이며, 때로는 두려움을 넘어서 손을 내미는 것. 이런 작은 연결의 순간들이 우리를 더 넓은 사람으로 자라게 만든다.

성장이라는 게 거창한 자기 계발이 아니다. 그냥 '초대받고, 응답하고, 함께 행동하는 일상 속 선택'에서 자연스럽게 일어나는 거다. 최근 독서 모임에 참여하면서 경험한 일이다. 처음엔 단순히 책을 읽는 모임이라고 생각했다. 하지만 서로의 생각을 나누고, 다른 관점을 듣고, 함께 토론하면서 내 사고의 폭이 넓어지는 걸 느꼈다. 의미 있는 연결이 예상치 못한 성장을 만든다.

나의 경험을 나누자면

비슷한 경험이 있다. 좋은 사람들과 만나면서 나도 좋은 사람이 되고 싶다는 마음이 들었던 때가 있었다. 부정적이고 예민한 성격을 좀 더 둥글게 만들려고 노력하고, 참고 인내하려고 애썼던 시절이다. 때로는 억지스럽게 느껴지기도 했지만, 그런 관계 속에서 나는 조금씩 변하고 있었다. 그들의 따뜻함이 나에게 스며들고, 그들의 지혜가 내 마음에 자리 잡으면서 말이다. 어느 날 후배가 말했다.

"선배님이 예전보다 훨씬 따뜻해요."

관계가 나를 조금씩 변화시키고 있었다.

오늘 시작하는 연결

오늘, 한 사람과의 의미 있는 연결을 시도해 보라. 진짜 성장을 원한다면 내 안의 두려움과 불편함을 넘어 관계 속으로 걸어 들어가야 한다. 미뤄왔던 모임에 참여해 보거나 새로운 사람과의 만남을 받아들이거나, 누군가의 초대에 용기 있게 응답해 보라. 작은 연결이 큰 성장을 만든다.

초대하는 사람이 되어라

이 순간에도 어쩌면 누군가가 당신을 향해 조용히 손을 내밀고 있을지도 모른다. "당신을 초대합니다."라고 말이다. 결국 성공하는 팀은 목표를 잘 세우는 팀이 아니라 관계를 잘 선택하고 지속하는 공동체를 만드는 팀이 될 것이다. '인생은 누가 더 많이 아는가?'가 아니라, 누가 더 용기 있게 연결을 시도하는가에 따라 달라진다.

이젠 받은 초대에 응했던 것처럼 진정한 리더가 되어 나의 커뮤니티에 초대할 준비를 해볼까? 당신이 먼저 손을 내밀 때, 다른 사람들도 마음을 열기 시작한다. 당신이 보여주는 진심을 통해 새로운 관계가 시작된다. 그리고 그 관계 속에서 모든 사람이 예상했던 것보다 더 큰 성장을 경험하게 될 것이다. 오늘부터 연결하는 리더가 되어보라. 성장은 혼자 하는 것이 아니라 함께 만들어가는 것이다.

↘ 오늘의 리더 메시지

"진짜 성장은 초대에 응답하는 용기에서 시작되고, 관계 속에서 발견하게 되는 나의 가능성은 가장 큰 선물이 될 것이다! 이제는 내가 누군가를 초대할 차례다."

26

팀의 진정한 성숙을 만드는 힘

"성숙함이란 복잡함을 받아들이는 능력이다."

—칼 융(Carl Jung)

융의 이 말은 개인뿐만 아니라 팀에게도 깊은 통찰을 준다. 진정한 성장은 단순함에서 복잡함으로, 완벽함에서 불완전함을 포용하는 지혜로 나아가는 과정이다.

완벽한 팀은 존재하지 않는다

모든 팀은 성공을 꿈꾼다. 항상 웃고, 갈등 없이, 모든 일이 순조롭게 풀리는 그런 팀을. 하지만 현실은 완전히 다르다. 진정한 팀의 성장은 감정을 함께 사는 법을 배우는 것이다.

영화 《인사이드 아웃》에서 라일리가 "괜찮아, 슬퍼도 돼"라는 말을 들으며 엄마 품에서 눈물을 터뜨리는 장면을 보자. 그 순간 라일리의 기억 구슬은 변했다. 노란색 '기쁨'만 담겨있던 구슬에 파란색 '슬픔'이 함께 섞이면서, 단순한 감정이 아닌 겹겹이 쌓인 정서의 깊이가 생겼다.

어느 날 우리 팀에서 큰 실패를 경험했을 때가 있었다. 모든 사람이 위축되고, 서로 눈치를 보며 괜찮은 척하려고 했다. 그때 한 멤버가 말했다.

"솔직히 너무 힘들어요. 실패가 무서워요."

그 순간부터 팀의 진짜 성장이 시작되었다.

감정을 억압하는 팀은 한계가 있다

대부분의 팀은 어려움을 숨기려 한다. 문제가 생기면 빨리 덮고, 갈등이 생기면 못 본 척하고, 실패하면 없었던 일로 하려고 한다. 팀이 감정적 성숙을 이뤄야 하는 이유는 분명하다.

라일리의 머릿속에서 '기쁨'이 슬픔을 밀어내려 애쓸 때, "지금은 슬퍼할 때가 아니야. 괜찮은 척해야 해"라고 말했듯이 많은 팀도 어려움이나 갈등 상황에서 '괜찮은 척'을 하려 든다. 하지만 라일리가 무너지기 직전까지 몰렸듯이, 감정을 억압하는 팀은 결국 한계에 부딪힌다. 이는 억압된 감정은 언젠가 폭발하고, 그때는 돌이킬 수 없는 상처를 남기기 때문이다.

작년 한 프로젝트에서 멤버들 간의 의견 충돌이 있었다. 처음엔 모두 "괜찮다."라고 했지만 시간이 지날수록 분위기가 나빠졌다. 결국 한 달 후 모든 갈등이 한꺼번에 터져 나왔고, 그때는 관계 회복이 훨씬 어려웠다. 감정을 인정하지 않는 팀은 결국 무너진다.

감정적 성숙이 가져오는 변화

머뭇거리는 순간, 팀은 방향을 잃는다. 받아들여야 비로소 성장할 수 있다. 대부분의 팀은 "어떻게 하면 문제없이 갈까?"라고 묻지만, 성숙한 팀은 다르게 묻는다.

"이 어려움을 통해 우리가 배울 수 있는 것은 무엇일까?"

이것이 바로 감정적 성숙의 본질이다. 최근 새로운 도전을 앞두고 멤버들이 불안해할 때였다. 예전 같으면 "걱정하지 마. 잘 될 거야."라고 했지만, 이번엔 달랐다.

"불안한 게 당연해요. 저도 떨려요. 하지만 함께 해봅시다."

그 솔직함이 팀을 더 단단하게 만들었다.

감정적 성숙이 팀 성장에 필수적인 세 가지 근거

감정적 성숙이 팀 성장에 필수적인 세 가지 근거가 있다. 첫째, 멤버들이 솔직한 감정을 표현할 수 있을 때 진정한 소통과 신뢰가 형성되기 때문이다. 표면적인 화합은 오래가지 않는다. 진짜 신뢰는 어려운 감정도 함께 나눌 수 있을 때 만들어진다. 감정을 솔직하게 표현할 수 있는 팀만이 진정한 결속력을 갖게 된다.

최근 한 멤버가 개인적인 어려움으로 힘들어할 때였다. 예전 같으면 "감정에 치우쳐 일을 그르치지 않게 해보라." 했겠지만, 우리는 달랐다.

"힘들면 힘들다고 말해요. 우리가 함께 도울게요."

그 이후로 팀의 분위기가 완전히 달라졌다. 솔직함이 신뢰를 만들고, 신뢰가 팀을 강하게 만든다.

둘째, 실패와 어려움을 회피하지 않고 함께 마주할 때 팀의 문제해결 능력이 근본적으로 향상되기 때문이다. 실패를 숨기는 팀은 같은 실수를 반복한다. 하지만 실패를 인정하고 함께 분석하는 팀은 더 강해진다. 어려움을 함께 마주하는 경험이 팀의 문제해결 역량을 키운다. 작년 큰 실패를 겪었을 때, 우리는 그 실패를 철저히 분석했다. 누구를 탓하지 않고, 무엇을 배울 수 있는지에 집중했다. 그 과정이 힘들었지만, 덕분에 우리는 훨씬 강한 팀이 되었다. 실패를 함께 마주하는 팀만이 진짜 성장한다.

셋째, 다양한 감정과 관점을 인정하는 문화 속에서 창의적 아이디어와 혁신적 해결책이 나올 수 있기 때문이다. 모든 사람이 같은 생각을 하는 팀은 창의적이지 않다. 다양한 감정과 의견이 충돌할 때 새로운 아이디어가 탄생한다. 갈등을 두려워하지 않는 팀이 혁신을 만들어낸다.

우리 팀에서 치열한 토론이 벌어졌을 때가 있었다. 감정이 상할 수도 있는 상황이었지만, 서로의 다른 관점을 인정하며 대화를 계속했다. 그 결과 아무도 생각하지 못했던 창의적인 해결책이 나왔다. 다양성을 받아들이는 팀이 혁신을 만든다.

함께 사는 법

라일리가 결국 슬픔이 자신의 감정을 어루만질 수 있도록 기쁨이 물러섰을 때, 처음으로 진짜 위로가 찾아왔다. 마찬가지로 팀에서도 모든 구성원의 다양한 감정과 의견을 존중할 때 표면적인 화합이 아닌 깊이 있는 결속이 만들어진다. 성숙은 감정을 참는 것이 아니라, 감정을 함께 사는 법을 배우는 것이다.

우리는 자주 "괜찮아야 한다." 스스로 다그친다. 팀도 마찬가지로 항상 긍정적이고 성공적인 모습만 보여야 한다고 생각한다. 하지만《인사이드 아웃》이 말을 하듯이 "슬퍼도 괜찮아. 오히려 그 슬픔이 너를 더 단단하게 만들어줄 거야."

최근 어려운 결정을 내려야 할 때가 있었다. 멤버들이 각자 다른 의견을 가지고 있었고, 감정적으로도 복잡한 상황이었다.

"모든 감정이 다 소중해요. 함께 이야기해 봅시다."

그 과정을 통해 우리는 더 성숙한 팀이 되었다.

오늘 시작하는 성숙

오늘, 팀의 감정적 성숙을 위한 첫걸음을 내디뎌보라. 진짜 성장은 슬픔이 찾아올 때 도망치지 않고 가만히 마주 앉을 수 있는 용기에서 시작된다. 미뤄왔던 어려운 대화를 시작해 보거나, 팀의 실패를 솔직하게 분석해 보거나 서로 다른 감정을 인정하는 문화를 만들어보라. 작은 용기가 큰 성숙을 만든다.

모든 감정을 품는 팀이 되어라

팀에서도 갈등이나 실패가 찾아올 때 회피하지 않고, 함께 그 과정을 견뎌내며 배우는 것이 진정한 성장의 시작이다. 성공만 반복하는 팀은 성장하지 않는다. 실패를 껴안고 일어서는 팀만이 진짜 강해진다. 결국 성공하는 팀은 모든 감정을 함께 품고 성장하는 팀이다.

당신이 먼저 감정을 인정할 때, 팀 전체가 솔직해지기 시작한다. 당신이 보여주는 성숙함을 통해 새로운 문화가 만들어진다. 그리고 그 성숙함 속에서 팀은 상상했던 것보다 훨씬 더 강하고 창의적인 모습을 발견하게 될 것이다. 오늘부터 성숙한 팀을 만들어보라. 감정을 함께 사는 법을 아는 팀만이 진정으로 성장한다.

↘ 오늘의 리더 메시지

"성숙한 팀은 모든 감정을 함께 품고 성장한다."

27

당신 곁에는 누가 있나요?

"혼자 가면 빨리 갈 수 있지만, 함께 가면 멀리 갈 수 있다."

—아프리카 속담

세상은 흔히 말한다.

"성공하고 싶다면, 스스로 증명하라."

하지만 진짜 성장은 '혼자 해낸 성취'가 아니라 '함께 나아간 여정' 속에서 완성된다는 것을 수없이 지켜본다. 성장의 본질은 관계 속에서 발견된다.

혼자서는 한계가 있다

모든 사람은 자신만의 재능을 갖고 있다. 열정도 있고, 의지도 있고, 꿈도 크다. 하지만 혼자서는 넘을 수 없는 벽이 있다. 아무리 뛰어난 재능을 가진 사람이라도, 혼자서는 자신의 한계를 뛰어넘기 어렵다. 우리는 타인과의 상호작용을 통해 새로운 관점을 얻고, 피드백을 받으며, 때로는 위로받고 격려받으며 성장해 나간다.

어느 날 혼자 해결하려고 며칠을 고민했던 문제가 있었다. 답답하고 막막했는데, 팀원 한 명과 대화한 후 30분 만에 해결되어 새삼 놀란 적이 있다. 그때 다시 한번 알게 된 사실이 있다. 혼자 갈 수 있는 거리에는 한계가 있다는 깨달음.

함께 갈 때 더 멀리 간다

진정한 성장은 경쟁이 아니라 협력에서 나온다. 서로의 부족함을 채워주고, 서로의 강점을 더욱 빛나게 해줄 때 진짜 성장이 시작된다. 이는 관계 속에서만 발견할 수 있는 성장의 비밀이 있기 때문이다.

몇 년 전 어려운 프로젝트를 맡았을 때였다. 혼자였다면 포기했을지도 모르는 일이었다. 하지만 팀원들이 함께했다. 각자 다른 관점으로 문제를 바라보고, 서로 다른 해결책을 제시했다. 때로는 격려해 주고, 때로는 현실적인 조언을 해주었다. 그 프로젝트는 혼자서는 절대 만들 수 없는 결과를 낳았다.

함께 성장하는 세 가지 힘

이것이 가능한 이유는 세 가지다.

첫째, 사람은 혼자서는 볼 수 없는 사각지대를 동료들이 보완해주기 때문이다. 아무리 뛰어난 사람도 모든 것을 혼자 볼 수는 없다. 내가 놓치는 부분을 다른 사람이 보고, 내가 약한 부분을 다른 사람이 채워준다. 최근 중요한 발표를 준비할 때였다. 내용에만 집중하고 매달려 있는 나에게 팀원에 말했다.

"내용은 좋은데, 청중의 입장에서는 어떨까요?"

그 한마디의 조언에 전체 발표의 방향성이 바뀌고 성공적으로 강연을 마쳤다. 다른 사람의 시각은 나의 한계를 넓혀줄 수 있음을 다시 한번 깨달은 날이었다.

둘째, 함께하는 사람들로부터 얻는 동기부여와 책임감은 개인의 한계를 넘어서게 한다. 혼자일 때는 포기하기 쉽고 함께하는 사람들이 있으면 다르다. 그들에 대한 책임감이 나를 더 강하게 만들며, 그들의 격려가 때론 강력한 용기를 준다. 매번 어려운 도전을 앞두고 망설이고 있을 때마다 혼자였다면 포기했을 것들도 "함께 해보자"는 팀원들의 그 믿음이 나를 한 단계 더 성장시킨다.

셋째, 서로 다른 경험과 지식을 나누며 시너지를 만들어내기 때문이다. 각자 다른 배경을 가진 사람들이 모이면 놀라운 일이 일어난다. 서로의 경험이 결합해 새로운 아이디어가 탄생하고 예상치 못한 해결책이 나온다. 우리 팀에는 다양한 분야의 사람들이 있다. 디자이너, 경연가, 마케터, 기획자. 어느 날 브레인스토밍 시간에 각자의 관점으로 문제를 바라봤을 때, 혼자서는 절대 생각할 수 없었던 아이디어가 나왔다. 다양성이 만나면 창조가 일어난다.

초대하는 리더십

《당신을 초대합니다》의 책에서 이렇게 말한다.

"당신 곁에는 누가 있나요?"

"그들과 어떤 신뢰를 쌓고 있나요?"

리더는 사람을 이끄는 사람이 아니라, 사람을 '의미의 자리'로 초대하는 사람이다. 함께 바라볼 꿈이 있을 때, 함께 나눌 성장이 있을 때, 그곳에 진정한 리더십이 생겨난다.

최근 새로운 프로젝트를 시작할 때였다. 나는 팀원들에게 이렇게 말했다.

"이 여정에 당신을 초대하고 싶습니다. 함께 성장하는 동반자가 되어주세요."

초대받는다는 느낌이 사람을 가장 크게 움직인다.

완벽하지 않은 리더

진짜 리더는 완벽하지 않다. 먼저 말하고 먼저 손 내미는 리더. "당신과 이 길을 함께 가고 싶다."라고 "당신도 내 곁에 있어 달라."고 말한다. 그 한 마디가 사람의 마음을 움직인다. 자신이 존중받고 있다는 느낌과 함께 성장할 수 있다는 가능성을 느끼는 것. 이 믿음은 리더가 줄 수 있는 가장 큰 선물이다.

오늘 시작하는 초대

오늘, 누군가를 당신의 성장 여정에 초대해 보라. 당신이 꿈꾸는 그 변화의 길에, 누군가를 초대할 수 있다면 그 자체로 당신은 이미 리더다. 미뤄왔던 동료와의 협력을 제안해 보거나, 힘들어하는 후배에게 함께하자고 말해보거나, 새로운 사람과의 연결을 시도해 보라.

작은 초대가 큰 성장을 만든다. 성장의 동반자가 되어라. 성장은 혼자서도 불가능한 것은 아니지만 함께할 때 더 깊고 넓다. 지금 당신 곁에 있는 사람들, 그리고 아직 당신이 초대하지 못한 사람들을 떠올려 보라. 그들에게 전할 한 마디를 가만히 꺼내어 보라.

"나는 지금, 당신을 초대한다. 그리고 함께 성장하고 싶다."

결국 성공하는 팀은 서로를 성장의 동반자로 초대하는 사람들의 공동체다.

당신이 먼저 초대할 때, 다른 사람들도 마음을 열기 시작한다. 당신이 보여주는 진심을 통해 새로운 관계가 시작된다. 그리고 그 관계 속에서 모든 사람이 상상했던 것보다 더 큰 성장을 경험하게 될 것이다. 오늘부터 초대하는 리더가 되어보라. 혼자 가는 길보다 함께 가는 길이 더 아름답다.

"성장은 더 큰 성장을 하는 경험으로 초대하는 것이다."

행복

happiness

28

나만의 행복을 찾는 여정: 어머니의 코나투스 이야기

"여러분이 쓰는 언어가 타성에 젖으면,

생각도 타성에 젖습니다."

—유영만 교수

유영만 교수의 강연 중 이 한 마디는 저의 마음속 깊은 곳을 건드렸다. 그 순간, 문득 떠오른 분이 계셨다. 바로 시어머님이다. 형편이 어려워 정규 교육을 받지 못하셨던 어머님께는 '배움'이라는 단어가 늘 그리움이자 한이었다. 관공서나 은행에서 누군가 "여기에 서명해 주세요."라고 말할 때마다 손끝이 떨리셨다고 말씀하셨다. 글씨 하나에도 세상의 차가운 시선이 느껴질까 두려워, 오랜 세월 동안 자신을 작게 만들며 살아오셨다. 그 무게를 생각하면 지금도 눈물이 난다.

타인의 시선에 갇힌 삶

어머님은 오랜 시간 타인의 기준에 맞춰 살아오셨다. '몰라서 부끄럽다', '배우지 못해서 창피하다'라는 생각에 갇혀 계셨다. 하지만 그 안에는 누구도 꺾을 수 없는 생명력이 꿈틀거리고 있었다. 어머님 안에는 배움에 대한 간절한 갈망이 숨어 있었다. 그러던 어느 날, 큰 전환점이 찾아왔다. 아버님께서 돌아가시고 난 뒤, 혼자가 된 현실 속에서 어머님은 더욱 큰 빈자리를 느끼셨다. "이대로는 안 되겠다."라는 절실한 마음으로 여성 중고등학교에 입학하셨다. 그 결심은 어머님의 인생을 뒤바꾸는 코나투스의 시작이었다.

어느 날 어머님이 조심스럽게 말씀하셨다.

"학교에 다녀보려고 하는데… 어떨까?"

그 한 마디에 담긴 용기를 생각하면 지금도 가슴이 뭉클하다. 자신만의 삶을 시작하는 용기가 진정한 코나투스의 출발점이다.

배움이 만든 기적

스피노자가 말한 코나투스, 즉 자기 보존의 의지와 더 나아지려는 욕구가 어머님 안에서 꽃피기 시작했다. 이는 진정한 변화는 내면의 갈망에서 시작된다는 진실 때문이다.

몇 년 전 어머님과 함께 은행을 갔을 때였다. 예전 같으면 "잘 모르겠어."라고 하셨을 텐데 이번엔 달랐다. 직접 은행의 금리를 알아보고 더 좋은 상품에 가입하기 위해 당당하게 대화를 나누는 모습을 보며 놀랐다. 배움이 어머님의 언어를 바꾸고, 언어가 어머님의 삶을 바꿨다. 배움이 시작되자 어머님은 말씀하셨다.

"배우면 배울수록, 세상이 너무도 큰 선물처럼 느껴진다."

작은 변화가 만드는 큰 기적을 목격했다.

진정한 욕망의 발견

머뭇거리는 순간, 인생은 그대로다. 자신의 욕망을 따라야 비로소 살아난다. 대부분의 사람은 "남들이 뭐라고 할까?"라고 걱정하지만, 진정한 성장은 다른 곳에서 시작된다. "내가 정말 원하는 것은 무엇일까?" 이것이 바로 코나투스의 본질이다.

유영만 교수는 말한다.

"욕망은 충족되지 않는 본능입니다. 그래서 우리는 그 욕망 덕분에 살아있습니다."

어머님의 삶을 변화시킨 것도 그런 욕망이었다. 누군가의 삶을 흉내 내려는 욕망이 아닌, 스스로 더 잘 살아 보고 싶다는 본능적인 열망이었다. 진정한 욕망을 따를 때 인생이 바뀐다.

언어가 바뀌면 삶이 바뀐다

그 욕망은 어머님의 언어를 바꿨다. "몰라서 창피했어…"라는 말은 "이제는 아는 게 참 신나."로, "나는 못 배워서…"라는 말은 "내가 이걸 해봤는데 말이야."로 바뀌었다. 최근 어머님과 전화 통화를 할 때였다. 예전에는 "잘 모르겠다."가 입버릇이셨는데 이제는 다양한 이야기를 들려주신다. 학교에서 배운 것, 친구들과 나눈 대화, 새롭게 알게 된 지식들. 언어의 변화가 존재의 변화를 가져왔다. 이제 어머님은 고등학교 3학년이 되셨다. 단순히 학력을 쌓는 것이 아니라, 자신의 세상을 스스로 넓혀가고 계신다. 배움이 삶의 주인이 되는 길을 열어주었다.

자신만의 성장 지도

유영만 교수는 또 이렇게 말한다.

"다른 사람의 성공 지도에는 나의 성장 지도가 없다."

어머님의 삶을 보며 이 말이 깊이 와닿는다. 어머님은 이제 자신만의 언어로 자신의 삶을 서술하고 계신다. 그 언어는 길지 않지만 단단하고, 작지만 깊다.

어느 날 어머님이 자랑스럽게 말씀하셨다.

"요즘 친구들이 모르는 것 있으면 나한테 물어봐."

어머니는 배움에 목말라 있지만 선뜻 용기를 내지 못하는 지인들에게 다가가, 왜 학교에 다녀야 하는지, 배움이 왜 삶에 필요한지를 자신의 언어로 전하고 계신다. 그 순간은 지인들에게 작은 선물이 되었고, 예전에는 상상할 수 없던 일이 눈앞에서 펼쳐졌다. 이제 어머니는 누군가에게 힘이 되고, 길을 밝혀주는 사람이 되신 것이다.

이제 어머니는 누군가에게 힘이 되고, 길을 밝혀주는 사람이 되신 것이다. 나는 그 모습을 보며 깨닫는다. 자신의 길을 꿋꿋이 걸어가는 사람만이, 결국 다른 사람에게도 길이 되어줄 수 있다는 것을.

오늘 시작하는 나만의 여정

오늘, 당신만의 코나투스를 발견해 보라. 어머님은 이제 누군가의 도움을 기다리는 삶이 아니라, 스스로 경험과 배움을 통해 주체적으로 살아가시는 분이다. 미뤄왔던 배움을 시작해 보거나, 진짜 하고 싶었던 일에 도전해 보거나, 타인의 기준이 아닌 자신의 목소리에 귀 기울여보라. 작은 용기가 인생을 바꾸는 시작점이다.

진정한 행복을 찾는 사람이 되어라

그분의 코나투스는 나이와 조건을 넘어 매일매일 새롭게 바꾸고 계신다. 행복이란 멀리 있는 것이 아니라는 사실을 배운다. 행복은 타인의 성공을 따라가는 것이 아니라 내 안에 있는 갈망을 따라 성장하며 살아갈 때 비로소 주어지는 것이라는 것을. 어머님의 삶은 우리 모두에게 말해주고 있다.

코나투스는 거창한 것이 아니라 작은 용기와 반복된 행동, 그리고 내면의 목소리에 귀 기울이는 것에서 시작된다는 것을. 그 순간 부터 세상은 이전과는 다르게 보이기 시작한다. 진정으로 나답게 행복해지는 삶이 열리는 것이다. 당신이 먼저 자신의 욕망을 인정할 때, 진정한 변화가 시작된다. 당신이 보여주는 용기를 통해 새로운 가능성이 열린다. 그리고 그 여정 속에서 당신은 타인의 기준이 아닌 자신만의 행복을 발견하게 될 것이다. 오늘부터 나만의 코나투스를 따라 살아보라. 진정한 행복은 자신의 내면에서 피어나는 꽃이다.

＼ 오늘의 리더 메시지

"타인의 성공 지도가 아닌 나만의 성장 지도를 그려라."

29

괜찮아, 행동이야

> "행동하지 않으면 인생은 바뀌지 않는다."
>
> —브라이언 트레이시(Brian Tracy)

'행동하지 않으면 인생은 바뀌지 않는다'의 작가 브라이언 트레이시는 많은 사람들이 꿈, 목표, 아이디어는 가지고 있지만 두려움, 게으름, 완벽주의, 자기 의심 때문에 실제 행동은 하지 못한 채 제자리에 머무르고 있다는 것을 알고 있다. 그래서 사람들이 진짜 원하는 삶을 살도록 더 이상 미루지 않고 행동하게 만들기 위해서 이 책을 저술했다. 각만으로는 세상이 바뀌지 않는다.

모든 사람은 꿈을 가지고 있다. 성공하고 싶고, 변화하고 싶고, 더 나은 삶을 살고 싶어 한다. 하지만 대부분은 생각에서 멈춘다. 이 책의 전반부에서는 명확하게 말한다. 행동하지 않으면 아무 일도 일어나지 않는다. 아무리 두렵고 불안정해도 지금 시작하는 사람이 결국 인생을 바꾼다고 이야기하고 있다.

어느 날 커피숍에서 두 친구를 만났다. 한 명은 1년 전부터 창업

계획을 세우고 있었고, 다른 한 명은 3개월 전에 작은 온라인 쇼핑몰을 시작했다. 계획을 세우던 친구는 여전히 "조금 더 준비하고 시작할 거야."라고 했다. 반면 행동을 시작한 친구는 이미 첫 매출을 올리고 있었다. 차이는 단 하나, 행동의 유무였다.

완벽함을 기다리는 자는 영원히 시작하지 못한다

많은 사람들이 완벽한 조건을 기다린다. 모든 위험이 사라지고, 실패할 가능성이 없어지기를 바란다. 하지만 그런 순간은 절대 오지 않는다. 이는 행동 없이는 어떤 변화도 불가능하다는 냉혹한 현실 때문이다.

몇 년 전 새로운 프로젝트를 시작하려 했을 때를 떠올린다. 완벽한 계획을 세우느라 몇 달을 보냈지만 막상 시작하고 보니 예상과 전혀 다른 상황들이 펼쳐졌다. 그때 깨달았다. 완벽한 준비는 환상이고, 불완전한 시작이 현실이다. 그 이후로 70% 정도 준비되면 시작하기로 했다. 나머지는 하면서 배우면 된다. 행동하면서 배우는 것이 가장 빠른 성장법이다.

작은 실행이 만드는 놀라운 변화

머뭇거리는 순간, 기회는 지나간다. 행동해야 비로소 인생이 움직인다. 대부분의 사람은 "언제 시작할까?"라고 묻지만, 성공하는 사람은 다르게 묻는다.

"지금 당장 할 수 있는 가장 작은 행동은 무엇일까?"

이것이 바로 실행의 본질이다.

최근 새로운 습관을 만들려고 했을 때였다. 처음엔 거창한 계획을 세웠다가 일주일 만에 포기했다. 두 번째는 아주 작은 것부터 시작했다. 하루 5분 책 읽기. 그 작은 시작이 지금은 하루 1시간 독서 습관으로 자리 잡았다. 작은 행동의 누적이 인생 전체를 바꾼다.

구체적 실천을 위한 전략

이 책의 중반부에서는 자기 계발을 위한 실천 전략을 구체적으로 제시한다. 특히 시간 관리, 재정, 문제해결, 인간관계 등 다양한 삶의 영역에서 자기 훈련의 중요성을 강조하며 이야기하고 있다. 행동하는 사람들에게는 공통된 패턴이 있다.

첫째, 그들은 명확한 우선순위를 갖고 있다. 모든 것을 다 하려고 하지 않고, 가장 중요한 것부터 시작한다.

둘째, 그들은 큰 목표를 작은 단위로 쪼갠다. 압도적인 목표를 일일 실행 가능한 행동들로 분해한다.

셋째, 그들은 완벽하지 않아도 시작한다. 준비가 완료되기를 기다리지 않고, 지금 할 수 있는 것부터 한다.

최근 업무 효율성을 높이기 위해 시간 관리 시스템을 바꿨다. 복잡한 방법론 대신 단순한 원칙을 정했다.

"가장 중요한 일 3개를 정한다. 그 중 첫 번째부터 시작한다."

단순함이 지속 가능한 실행을 만든다.

행복으로 이어지는 자기 훈련

이 책의 후반부는 자기 훈련이 단순한 성공을 넘어 삶의 질을 향상하는 데 필수적임을 강조한다. 자기 훈련을 통해 건강, 관계, 내면의 평화를 달성할 수 있으며, 이는 궁극적인 행복으로 이어진다고 이야기하고 있다. 진정한 행복은 성취에서 오는 게 아니라 성장하는 과정에서 온다. 행동하지 않으면 현재 상태에 머물 수밖에 없다. 하지만 작은 행동이라도 시작하면 변화가 일어난다. 그 변화 자체가 우리에게 에너지를 주고, 더 큰 행동으로 이어진다.

어느 날 건강을 위해 운동을 시작하기로 했다. 처음엔 하루 10분 산책부터 시작했다. 그 작은 시작이 지금은 건강한 생활 습관 전체로 확장되었다. 작은 성공이 자신감을 주고, 자신감이 더 큰 도전을 가능하게 만든다.

지금 이 순간의 결단

앞으로 나는 동시에 여러 목표를 추구하면 집중력이 분산될 수 있으므로 현재 가장 중요한 목표에 집중하기로 한다. 이를 위해 필요한 행동들을 목록화하고, 우선순위를 정해 하나씩 실천해 나갈 것이다. 지금 이 순간 바로 결단한 일은 매일 아침 6시 기상을 하는 것으로 정해본다. 작은 결단이지만, 이것이 하루의 리듬을 바꾸고, 하루의 리듬이 인생을 바꿀 것이라고 믿는다. 또한 매일 명상의 시간을 루틴으로 정해본다. 하루 10분이라도 내 마음을 들여다보는 시간을 갖겠다. 완벽하지 않아도 괜찮다. 중요한 건 지금 시작하는 것이다.

오늘 시작하는 작은 행동

오늘, 당신도 하나의 작은 행동을 시작해 보라. 거창할 필요 없다. 지금 당장 할 수 있는 가장 작은 것부터. 미뤄왔던 운동을 10분이라도 해보거나, 읽고 싶었던 책을 한 페이지라도 펼쳐보거나, 연락하고 싶었던 사람에게 안부 인사를 보내보라. 작은 행동이 큰 변화의 씨앗이다.

행동하는 사람이 되어라

생각하는 사람은 많지만, 행동하는 사람은 적다. 계획하는 사람은 많지만, 실행하는 사람은 적다. 꿈꾸는 사람은 많지만, 실현하는 사람은 적다. 당신이 먼저 행동할 때, 변화가 시작된다. 당신이 보여주는 실행력을 통해 새로운 가능성이 열린다. 그리고 그 작은 행동들이 쌓여서 당신이 꿈꾸던 인생을 만들어낼 것이다. 오늘부터 행동하는 사람이 되어보라. 괜찮아, 행동이야. 완벽하지 않아도 시작하는 자가 승리한다.

⟍ 오늘의 리더 메시지

"완벽한 계획보다 불완전한 시작이 인생을 바꾼다."

30
햇살처럼 스며든 오늘의 행복

> "행복은 기성품이 아니다.
> 그것은 당신 자신의 행동으로부터 나온다."
>
> —달라이 라마(Dalai Lama)

성공하는 공동체는 거창한 목표를 가지는 곳이 아니라, 일상에서 느끼는 작은 행복을 함께 발견하고 나눈다. 마치 햇살이 조용히 스며들어 공간 전체를 따뜻하게 만드는 것처럼, 구성원 개개인이 느끼는 소소한 기쁨이 모여 공동체 전체에 긍정적 에너지를 불어넣는다.

거대한 성공보다 작은 행복이 중요하다

많은 조직이 큰 성과만을 추구한다. 더 높은 매출, 더 큰 성장, 더 거대한 목표들. 하지만 정작 중요한 것을 놓친다. 일상의 행복이 어떻게 공동체 성공의 요소가 될 수 있을까?

행복이라는 생각과 감정은 단순한 감정이 아니라 공동체의 역량과 함께하는 능력을 결정짓는 에너지가 되기 때문이다. 어느 날 우리 팀에서 작은 성과를 거뒀을 때였다. 거창한 축하보다는 함께 커피 한 잔을 마시며 이야기를 나눴다. 그 순간 느꼈다. 작은 기쁨을 나누는 것이 얼마나 큰 힘이 되는지.

행복한 팀원들은 더 적극적으로 소통하고, 문제를 해결하려는 의지가 강하며, 서로를 신뢰하고 지지하는 문화가 자연스럽게 만들어진다. 작은 행복이 큰 변화를 만든다.

행복이 성공의 기반이 되는 이유

행복이라는 감정은 어떠한 이유로 성공의 기반이 되고 성공하는 공동체에 제일 중요한 요소일까? 이는 행복한 사람들이 근본적으로 다른 에너지를 발산하기 때문이다.

몇 년 전 두 팀의 차이를 목격한 적이 있다. 한 팀은 항상 긴장하고 스트레스받는 분위기였고, 다른 팀은 웃음이 끊이지 않는 분위기였다. 결과는 놀라웠다. 웃음이 있는 팀이 더 창의적인 아이디어를 내고, 더 빠르게 문제를 해결했다. 행복한 에너지가 성과로 이어지는 것을 직접 확인했다.

행복이 성공을 만드는 세 가지 힘

머뭇거리는 순간, 팀은 침체한다. 행복해야 비로소 성장할 수 있다는 이유가 있다.

첫째, 행복한 사람들은 창의적 사고를 더 활발히 발휘하기 때문이다. 긍정적 정서 상태에서는 뇌의 도파민 분비가 증가해 새로운 아이디어와 해결책을 찾아내는 능력이 향상되기 때문이다. 스트레스받는 환경에서는 뇌가 방어 모드로 들어간다. 하지만 행복한 환경에서는 창의성이 폭발한다. 최근 브레인스토밍 시간에 팀원들이 유쾌한 분위기에서 아이디어를 나눴을 때, 평소보다 3배 많은 창의적 아이디어가 나왔다.

"이런 것도 해볼까요?"

"저런 방법은 어때요?"

자유롭고 즐거운 분위기에서 모든 게 가능해 보였다. 행복한 뇌가 창의적인 뇌다.

둘째, 일상의 기쁨을 나누는 팀은 구성원 간 유대감이 깊어지기 때문이다. 작은 성취나 즐거운 순간들을 함께 축하하고 공유하는 과정에서 서로에 대한 이해와 배려가 자연스럽게 나타나기 때문이다. 혼자만의 성공은 외롭다. 하지만 함께 나누는 기쁨은 배가 된다. 어느 날 한 팀원이 개인적인 성취를 이뤘을 때, 팀 전체가 진심으로 축하해줬다. 그 순간 그 팀원의 표정이 밝아지는 걸 봤다.

"혼자였다면 이렇게 기쁘지 않았을 거예요. 함께 기뻐해 주셔서 감사해요."

나눈 기쁨이 더 깊은 관계를 만든다.

셋째, 행복을 중시하는 팀 문화는 스트레스 상황에서도 회복력을 발휘하기 때문이다. 어려운 도전 앞에서도 포기하지 않고 함께 헤쳐나가려는 집단적 의지를 형성하기 때문이다. 위기가 왔을 때 팀의 진가가 드러난다. 평소에 행복을 나눈 팀은 어려움 앞에서도 서로를 믿고 지탱해 준다. 작년 큰 위기를 겪었을 때 우리 팀은 오히려 더 단결했다. 평소에 쌓인 신뢰와 유대감이 어려운 순간에 큰 힘이 되었다. "힘들지만 함께 이겨내자."라는 마음이 자연스럽게 생겨났다. 행복한 추억이 위기의 순간에 희망이 된다.

햇살 같은 행복의 전파력

햇살이 창문을 통해 스며들어 방 안의 모든 것을 밝게 비추듯 팀원 한 사람 한 사람의 행복은 조직 전체를 환하게 만든다. 큰 프로젝트의 성공보다 오늘 동료와 나눈 따뜻한 대화, 함께 웃었던 순간, 서로의 노고를 인정해 준 작은 격려가 더 소중하다. 이러한 일상의 행복이 쌓여 팀의 진정한 성과로 이어진다.

최근 한 동료가 말했다.

"이 팀에서 일하는 게 행복해요. 성과도 중요하지만 함께 있는 시간 자체가 즐거워요."

그때 깨달았다. 행복 자체가 가장 큰 성과라는 것을.

오늘 시작하는 작은 행복

오늘, 팀에 작은 행복을 선물해 보라. 동료의 노력을 인정해 주거나, 함께 웃을 수 있는 순간을 만들거나, 작은 성취를 함께 축하해 보라. 미뤄왔던 감사 인사를 전해보거나, 힘들어하는 동료에게 따뜻한 말 한 마디를 건네 보거나, 팀의 좋은 분위기를 만들어보라. 작은 행복이 큰 성공을 만든다.

햇살 같은 팀이 되어라

결국 성공하는 팀은 햇살처럼 따뜻한 행복을 일상에서 찾아 나누며, 그 빛으로 서로를 비춰주는 공동체가 된다. 그렇기 때문에 행복한 순간, 감정들은 우리가 나아가고 성공하는 데 크게 기여함을 우리는 잊지 말아야 한다. 당신이 먼저 행복을 나눌 때 팀 전체가 밝아지기 시작한다. 당신이 보여주는 긍정 에너지를 통해 새로운 가능성이 열린다. 그리고 그 따뜻한 행복 속에서 모든 팀원이 자신의 최고를 발휘하게 될 것이다. 오늘부터 햇살 같은 행복을 나누는 팀을 만들어보라. 행복한 팀만이 진정한 성공을 만들어낸다.

"작은 행복을 나누는 팀이 큰 성공을 만든다."

31

버팀의 힘이 만드는 진정한 리더십

"행복은 목적지가 아니라 여행하는 방식이다."

—마가렛 리 런벡(Margaret Lee Runbeck)

그 어떤 외부 조건도 갖추지 못한 한 남자가 끝까지 포기하지 않고 지켜낸 단 하나의 신념을 보여준다. 영화 《행복을 찾아서》의 크리스 가드너는 말한다.

"나는 내 아들에게 내가 해낼 수 있다는 걸 보여주고 싶었다."

그는 가난했다. 월세조차 내지 못했고, 거리에서 아이와 함께 잠을 청해야 했으며, 매일 문턱 높은 회사의 문을 두드려야 했다. 그러나 그는 스스로 리더라 여겼다.

완벽한 조건을 가진 리더는 없다

많은 사람들이 리더십을 오해한다. 완벽한 능력, 충분한 자원, 확실한 계획이 있어야 리더가 될 수 있다고 생각한다. 하지만 크리스 가드너는 이 모든 것을 반박한다. 진짜 리더는 사람을 끌고 가는 사람이 아니라, 앞이 안 보여도 먼저 버텨주는 사람이다.

뜻하지 않는 바이러스가 전세계를 강타하며 우리 팀은 함께할 수 없었고, 회사의 예산은 바닥이 났으며 팀원들의 에너지는 하나 둘 포기가 되어가는 순간이 있었다. 그때 팀 대표리더는 말했다.

"지금은 힘들지만 시간이 흐르면 모든 어려운 순간은 지나가고 우리는 다시 언제 그랬냐는 듯 함께할 것입니다. 우린 지금 더 강해지고 있는 중입니다."

완벽한 해결책은 없었지만, 그의 버티는 모습이 우리에게 용기를 주었다. 가장 어려울 때 버텨주는 사람이 진정한 리더다.

버팀이 리더십의 본질인 이유

크리스 리더십은 자신 하나 살리는 게 아니라, 아이에게 "포기하지 않는 사람이 된다는 것"을 보여주는 것이었다. 이는 리더란 결국 누군가를 위해 무너지지 않기로 결심한 사람이기 때문이다. 그 것이 아버지로서, 그리고 인간으로서 그가 택한 리더십의 방식이었다. 이는 진정한 리더십이 타인에 대한 책임감에서 나온다는 현실 때문이다.

코로나 어려운 시기를 겪으면서 깨달았다. 나 혼자라면 포기했을 상황에서도, 팀원들을 생각하면 버틸 수 있었다. "내가 무너지면 이들은 어떻게 될까?"라는 생각이 나를 일으켜 세웠다. 누군가를 위한 책임감이 가장 강한 버팀의 동력이다. 행복은 리더십과 닮았다. 보이지 않을 때가 많고, 내 것이 되기까지 오래 걸리며, 끝내 지켜야 할 이유가 있어야 지속된다. 리더십도 마찬가지다. 당장의 성과보다 오래 버티는 힘이 더 중요하다.

버팀의 힘이 리더십을 만드는 과정

머뭇거리는 순간, 팀은 흔들린다. 버텨야 비로소 이끌 수 있다.

대부분의 사람은 "언제까지 버텨야 할까?"라고 묻지만, 진정한 리더는 다르게 생각한다.

"내가 포기하지 않으면 길이 열릴 것이다."

이것이 바로 버팀의 리더십이다.

버팀의 힘이 진정한 리더십을 만드는 세 가지 이유

버팀의 힘이 진정한 리더십을 만드는 이유는 세 가지로 설명할 수 있다.

첫째, 결과보다 신념을, 지금보다 가능성을 보는 리더의 시각이 절망적인 상황에서도 희망의 근거를 제공하고 팀원들에게 용기를 전하기 때문이다. 눈앞의 현실이 아무리 어려워도, 미래에 대한 믿음을 잃지 않는 리더가 있으면 팀은 다시 일어선다. 현재의 실패보다 앞으로의 가능성에 집중하는 시각이 희망을 만든다. 크리스는 거리에서 잠을 자면서도 아들에게 말했다.

"우리는 지금 모험하고 있는 거야."

절망적인 상황을 다른 관점에서 바라보는 것, 그것이 리더의 힘이다. 최근 프로젝트가 어려워졌을 때, 나는 팀원들에게 말했다.

"지금은 힘들지만 이 과정이 우리를 더 강하게 만들 것이다."

희망을 먼저 보는 리더가 팀에게 희망을 전한다.

둘째, 그 자리에 서서 "괜찮다, 우리는 아직 끝나지 않았다."라고 말해주는 리더의 존재가 구성원들에게 심리적 안전망 역할을 하며 위기를 극복할 수 있는 정신적 지주가 되기 때문이다. 위기의 순간에 가장 필요한 건 해결책이 아니라 함께 버텨줄 사람이다. 리더가 흔들리지 않고 그 자리에 있어 주는 것만으로도 팀은 안정감을 찾는다. 어느 날 도전이 매번 실패로 끝나 절망과 실망을 겪고 있는 팀원 곁에 늘 가까이 있어주었다.

"실패했지만 괜찮다. 우리는 여전히 함께이고 다시 시작하면 된다."

복잡한 해결책보다 그 한 마디는 더 큰 힘이 되었고, 리더의 존재 자체가 팀과 팀원의 버팀목이 되는 결과를 만들어 냈다.

셋째, 앞이 안 보여도 먼저 버텨주는 리더의 모습 자체가 조직 전체에 끈기와 인내의 문화를 심어주고 모든 구성원이 자신만의 버팀의 힘을 발견하게 돕기 때문이다. 리더의 행동은 말보다 강하다. 포기하지 않는 리더를 보며 팀원들도 자신만의 버팀의 힘을 기른다. 개인의 버팀이 조직 전체의 문화로 확산해 더 강한 팀을 만든다. 우리 팀에서 어려운 시기를 함께 견뎌낸 이후, 팀원들의 태도가 달라졌다.

"이 정도는 괜찮아요. 더 어려운 것도 견뎌봤잖아요."

그 경험이 모든 사람에게 자신감을 주었다. 리더의 버팀이 팀 전체의 힘으로 전이된다.

성공의 진짜 의미

크리스는 마지막 장면에서 말없이 미소 지었다. 합격 통보를 받은 그 순간, 그의 눈물은 성공이 아니라 버텨온 시간에 대한 통과의례였다. 행복은 도착지가 아니라, 끝까지 걸어가겠다는 결심 속에 있다. 그리고 리더는 그 결심을 먼저 증명하는 사람이다. 화려한 성과나 완벽한 전략보다 중요한 것은, 어떤 상황에서도 포기하지 않겠다는 한 사람의 단단한 의지다.

버팀은 목적지가 아니라 여행하는 방식이다.

오늘 시작하는 버팀의 리더십

오늘, 당신만의 버팀의 리더십을 시작해 보라. 완벽한 조건을 기다리지 말고, 지금 상황에서 버텨보라. 누군가를 위해 흔들리지 않기로 결심해 보라. 미뤄왔던 어려운 도전을 시작해 보거나, 힘들어하는 팀원을 격려해 보거나, 포기하고 싶은 순간에 한 번 더 버텨보라. 작은 버팀이 큰 리더십을 만든다. 끝까지 버텨내는 리더가 되어라. 결국 성공하는 팀은 모든 것을 가진 리더가 아니라 아무것도 없어도 끝까지 버텨내는 리더가 이끄는 곳에서 탄생한다.

버팀은 기다림이 아니라 능동적 선택이며, 그 선택이 기적을 만든다. 당신이 먼저 버틸 때 팀 전체가 희망을 품기 시작한다. 당신이 보여주는 끈기를 통해 새로운 가능성이 열린다. 그리고 그 버팀의 여정 속에서 모든 팀원이 자신만의 강함을 발견하게 될 것이다. 오늘부터 버팀의 리더가 되어보라. 버텨내는 자만이 진정한 승리를 맛본다.

↘ 오늘의 리더 메시지

"버팀은 기다림이 아니라 능동적 선택이며, 그 선택이 기적을 만든다."

The Powe

Part 3.
리더의 덕목 : 관리력

Persistence Power · Execution Power · Administrative Power

나눠야 할 것

재정
시간
인격
성공

관리력— 리더라면 그 어떤 상황에서도 관리해라!

리더의 진가는 위기의 순간에 드러난다. 팬데믹이라는 예상치 못한 상황에서도 조직을 이끌어간 리더들을 보면, 그들의 공통점은 바로 철저한 관리력이었다. 사람을 관리하고, 시간을 관리하며, 위험을 관리하고, 감정까지도 관리하는 것이다. 하지만 관리는 단순히 통제하는 것이 아니라, 각자의 잠재력이 최대한 발휘될 수 있도록 환경을 조성하는 것이다. 카오스 속에서도 질서를 만들어내고, 절망적인 상황에서도 희망의 씨앗을 심을 수 있는 리더만이 살아남는다. 당신의 관리 스타일은 사람들을 성장시키는가, 아니면 억압하는가?

재정

Finance

32

감성과 숫자의 균형이 팀의 성공을 이끈다

> "비즈니스는 숫자 게임이지만,
>
> 사람들이 하는 일이다."
>
> —하워드 슐츠(스타벅스 창립자)

무너지는 저울의 교훈

어느 스타트업 대표를 만났다. 그의 눈은 열정으로 빛났다.

"우리는 세상을 비꿀 거예요. 돈 따위는 중요하지 않아요. 팀원들도 모두 우리 비전에 공감하고 있어요."

6개월 후, 그 회사는 문을 닫았다. 핵심 개발자들이 하나둘 떠났고, 남은 팀원들은 생계를 위해 부업을 시작했다. 아무리 훌륭한 비전이라도 먹고살 문제를 해결해 주지는 못했던 것이다. 그때 깨달았다. 성공하는 팀을 만드는 것은 감성과 숫자라는 두 개의 축 사이에서 절묘한 균형을 찾는 예술과 같다는 것을.

리더의 영원한 딜레마

한쪽으로 기울면 무너지는 저울처럼, 팀 역시 이 두 요소가 조화를 이룰 때 비로소 지속 가능한 성장의 궤도에 오를 수 있다. 많은 리더가 팀을 이끌어가며 한 가지 딜레마에 직면한다. 꿈과 비전만으로는 현실의 벽을 넘을 수 없고, 그렇다고 돈만 앞세워서는 진정한 팀워크를 만들어낼 수 없다는 것이다.

《이태원 클라쓰》의 조이서가 "돈이 전부는 아니지만, 있어야 할 일을 할 수 있어요."라고 했듯이 재정적 안정성은 팀의 꿈을 현실로 만드는 필수 조건이다.

왜 균형이 중요한가?

이러한 균형이 중요한 이유는 세 가지로 설명할 수 있다.

첫 번째, 감성만으로는 생존할 수 없다. 감성만으로는 팀원들의 기본적인 생존 욕구를 충족시킬 수 없다. 아무리 멋진 비전을 제시해도, 팀원이 월세를 걱정한다면 그의 마음은 온전히 프로젝트에 집중될 수 없다.

한 디자이너가 털어놓았다.

"사장님은 항상 '우리는 가족이다'라고 하시는데, 정작 월급은 3개월째 밀려 있어요. 이게 가족인가요?"

감성 없는 숫자는 팀을 차갑게 만들지만, 숫자 없는 감성은 팀을 불안하게 만든다.

두 번째, 숫자만으로는 헌신을 얻을 수 없다.

급여와 성과급만으로 움직이는 조직에서는 진정한 협력보다는 경쟁이 우선시되고, 혁신보다는 안전한 길만을 선택하게 된다. 실리콘밸리의 한 기업이 직원들에게 파격적인 연봉을 제시했지만, 이직률은 여전히 높았다. 이유가 뭘까?

"돈은 많이 주지만 나를 사람으로 보지 않아요. 그냥 돈 받고 일하는 기계 같은 느낌이에요."

돈으로 사람의 시간은 살 수 있지만, 마음은 살 수 없다.

세 번째, 결합할 때만 지속 가능하다. 두 요소가 결합할 때만이 지속 가능한 성장 동력을 확보할 수 있다. 박새로이가 보여준 것처럼, 리더의 확고한 신념과 그를 따르는 팀원들의 헌신은 분명 중요하다. 하지만 그들이 진정한 성공을 거둘 수 있었던 것은 이러한 감성적 결속에 전략적인 재정 관리가 더해졌기 때문이다. 팀의 기본적인 운영비용을 확보하고, 구성원들의 생활 안정성을 보장한 후에야 비로소 공격적인 도전과 혁신이 가능해진다.

부끄러워할 필요 없는 현실

우리는 종종 돈 이야기를 꺼내는 것을 부끄러워한다. 마치 순수한 꿈을 더럽히는 것처럼 여기며, 현실적인 계획보다는 이상적인 비전에만 매달리곤 한다. 하지만 이는 큰 착각이다. 재정을 전략적으로 바라보고 체계적으로 관리하는 팀이야말로 더 큰 꿈을 실현할 힘을 갖는다.

진짜 강한 팀의 비밀

어느 IT 회사 CEO의 이야기다. 그는 직원들에게 이렇게 말했다. "여러분이 돈 걱정 없이 일할 수 있게 하겠습니다. 대신 그 마음의 여유로 정말 멋진 것을 함께 만들어보죠."

그 회사는 업계 평균보다 30% 높은 급여를 제공했다. 동시에 직원들과 회사의 비전을 공유하고, 개인의 성장을 적극 지원했다. 3년 후, 그 회사는 업계 1위가 되었다. 이직률은 3%대를 유지했고, 혁신적인 제품들이 연달아 출시되었다. 진짜 강한 팀은 구성원들이 기본적인 생존에 대한 걱정 없이 온전히 목표에 집중할 수 있는 환경을 만든다. 그리고 그 안정된 토대 위에서 각자의 열정과 창의성을 마음껏 발휘할 수 있도록 한다.

균형의 예술

이것이 바로 감성과 숫자가 만나는 지점이며, 지속 가능한 성공의 비밀이다. 감성은 방향을 제시한다. 왜 이 일을 해야 하는지, 우리가 어디로 가고 있는지를 알려준다. 숫자는 현실을 보여준다. 어떻게 갈 것인지, 언제까지 갈 수 있는지를 계산해 준다. 둘 중 하나만 있다면? 감성만 있으면 꿈꾸는 이상주의자가 된다. 숫자만 있으면 계산하는 기계가 된다. 하지만 둘이 만나면 현실을 바꾸는 리더가 된다.

당신의 팀은 어떤가?

처음 만났던 그 스타트업 대표는 지금 어떻게 됐을까? 그는 실패를 통해 배웠다. 2년 후 새로운 회사를 시작할 때는 달랐다. 여전히 세상을 바꾸고 싶다는 꿈은 그대로였지만, 이번에는 치밀한 재정계획도 함께 세웠다.

"꿈만 있으면 된다고 생각했어요. 하지만 꿈을 지키려면 현실도 챙겨야 한다는 걸 배웠습니다."

결국 성공하는 팀은 꿈이라는 나침반과 현실이라는 연료를 동시에 갖춘 항해사 같은 존재다. 당신의 팀은 어떤가? 감성과 숫자의 균형을 잘 맞추고 있는가? 아니면 한쪽으로 기울어져 있는가? 오늘부터 이 두 축을 모두 점검해 보라. 팀원들의 마음도 챙기고, 현실적인 계획도 세워라. 비전도 제시하고, 안정성도 보장하라. 그 균형점에서 진정한 팀의 성공이 시작된다.

"당신의 꿈이 팀원들의 마음을 움직이고, 당신의 계획이 그 꿈을 현실로 만들 때, 불가능해 보였던 목표가 달성 가능한 미래가 된다."

33

돈의 흐름을 아는 리더가 조직을 살린다

> "재정은 '얼마를 버느냐'가 아니라
> '어떻게 관리하느냐'의 문제다."

개인에게 돈의 흐름이 삶의 안정을 좌우한다면, 조직에 있어 재정의 흐름은 곧 생명선이자 미래의 나침반이다.

보여주는 화려함보다 안정이 우선

나는 어린 시절 늘 묘한 장면을 목격하며 자랐다. 우리 집은 넉넉하지 않았지만 항상 필요한 것만 쓰고 지출을 철저히 관리했다. 반면 동네에서 가장 부자처럼 보였던 바로 옆집이 우리 집에 매일 아침 돈을 빌리러 왔다. 어린 나에게는 도무지 이해가 되지 않았다. 아이러니하게도 가진 것이 더 많아 보이는 그 집은 더 급했고, 더 불안했다. 왜 더 많이 가진 사람이 더 급한 걸까? 조직도 마찬가지다. 매출 그래프가 화려하게 치솟아도 현금 흐름이 막히면 하루아침에 무너질 수 있다. 반대로 외형은 크지 않아도 재정 관리가 투명하고 건강하면 그 조직은 어떤 풍랑에도 버틸 수 있다. 겉으로 드러나는 성장보다 중요한 것은 안에서 흘러가는 자금의 리듬이다.

리더의 세 가지 재정 원칙

첫째, 재무를 투명하게 기록하고 분석하라.

개인이 가계부를 쓰듯, 조직도 재무제표를 통해 돈의 흐름을 기록해야 한다. 매출, 지출, 이익, 부채… 숫자는 조직의 건강을 드러내는 '혈액 검사표'와 같다. 리더가 숫자를 외면하는 순간, 조직은 눈뜬 장님처럼 길을 잃는다. 작지만 의미 있는 비용의 누수까지 발견해 내는 과정이야말로 조직의 경쟁력을 지켜내는 훈련이다.

둘째, 비상 자금을 확보하라.

위기는 반드시 찾아온다. 경기 침체, 기술 변화, 예상치 못한 재난… 이런 순간에 빚에 의존하는 조직은 쉽게 흔들린다. 그러나 유동성 자금을 준비해 둔 조직은 위기를 오히려 기회로 만든다. 위기가 닥쳤을 때 "우리는 준비되어 있다."라는 확신은 단순한 재정 안정이 아니라 구성원 모두에게 주는 마음의 평화다. 그것이 위기 속에서 창의적 해법을 낼 수 있는 힘을 준다.

셋째, 미래를 위한 투자금을 반드시 남겨라.

많은 리더가 "이번에 이익이 나면 투자하겠다."라고 말한다. 그러나 남는 돈은 좀처럼 생기지 않는다. 투자는 '남으면 하는 것'이 아니라 '먼저 떼어 두는 것'이다. 혁신과 연구개발, 인재 육성, 새로운 시장 개척에 매출의 일부를 반드시 재투자해야 한다. 오늘 불편함이 내일의 도약을 만든다. 미래에 대한 투자는 현재의 이익을 잠시 줄일 수 있지만, 장기적으로 조직을 살아남게 하고 더 크게 성장하게 하는 힘이다.

진짜 강한 조직의 조건

우리는 종종 외형적 성공에 눈이 멀어 진짜 강한 조직을 오해한다. 광고는 화려하고 사무실은 번듯해도 내부 재정이 불안정하면 결국 모래성처럼 무너진다. 반대로 작고 소박해 보이는 조직이라도 재정의 기본 원칙을 지키며 묵묵히 가는 곳은 위기를 버티며 더 멀리 달린다.

"돈이 많아서 강한 것이 아니라 돈 걱정이 없어서 강한 것이다."

한 리더의 이 말처럼 진정한 강함은 '재정적 자유와 안정'에서 비롯된다. 흐름을 아는 자만이 길을 연다. 돈의 흐름을 아는 리더는 단순히 숫자를 맞추는 관리자가 아니다. 그는 조직을 흔들림 없는 기반 위에 세우는 사람이다. 재정이 불안하면 전략도 불안하고, 전략이 흔들리면 사람들 마음도 불안하다. 그러나 재정이 단단하면 전략은 힘을 얻고, 구성원들은 안심 속에서 역량을 발휘한다. 리더에게 재정은 곧 신뢰다.

투명한 기록은 신뢰를 만들고, 든든한 비상금은 안정을 주며, 꾸준한 투자금은 미래를 보장한다. 이 세가지 원칙을 붙드는 리더만이 조직을 끝까지 지켜내고, 더 큰 도약의 길로 이끌 수 있다.

↘ 오늘의 리더 메시지

"조직의 돈을 통제하지 못하는 리더는 결국 조직을 잃는다. 작은 재정 원칙 하나가 큰 신뢰와 지속 가능성을 만든다. 돈의 흐름을 읽는 자만이 조직의 미래를 설계할 수 있다."

34
여유 계좌를 관리하라

> "시간은 가장 희소한 자원이다. 시간을 관리할 수 없다면,
>
> 다른 어떤 것도 관리할 수 없다."
>
> —피터 드러커(Peter Drucker)

시간, 관계 모든 것이 돈이다. 성공한 리더들을 관찰해 보면 공통점이 하나 있다. 그들은 모든 것을 자원으로 인식하고 관리한다는 것이다. 시간도, 관계도, 에너지도, 심지어 감정까지도 마치 통장 잔고를 관리하듯 세심하게 다룬다. 특히 그들은 '여유 계좌'라는 개념을 가지고 있다. 예상치 못한 상황에 대비해 시간적 여유, 관계적 여유, 재정적 여유를 항상 확보해 둔다. 이것이야말로 지속 가능한 리더십의 비밀이다.

시간 여유 계좌의 중요성

시간은 가장 민주적인 자원이다. 모든 사람에게 하루 24시간이 주어진다. 하지만 그 시간을 어떻게 관리하느냐에 따라 리더십의 질이 결정된다. 이는 예상치 못한 일이 생겼을 때 여유 있게 대응할 수 있는 시간이 필요하기 때문이다. 성공하는 리더들은 절대 스케

줄을 100% 채우지 않는다. 항상 20~30%의 여유를 둔다. 이 여유 시간이 바로 시간 여유 계좌다.

관계 여유 계좌의 힘

머뭇거리는 순간, 관계는 식는다. 관계도 통장처럼 관리해야 한다. 대부분의 리더는 필요할 때만 관계를 활용하려고 한다. 하지만 진정한 리더는 다르게 접근한다. "평소에 관계 계좌에 꾸준히 입금을 해둬야 필요할 때 출금할 수 있다." 이것이 바로 관계 여유 계좌의 핵심이다.

작년 새로운 사업 기회가 생겼을 때, 나는 평소 알고 지내던 다양한 분야의 전문가들에게 조언을 구할 수 있었다. 그들과의 관계는 몇 년에 걸쳐 조금씩 쌓아온 것이었다. 만약 그때 급하게 관계를 만들려고 했다면 불가능했을 일이다. 관계는 필요할 때 만드는 것이 아니라 평소에 쌓아두는 것이다.

자원 관리 리더십의 세 가지 원칙

모든 것을 자원으로 관리하는 리더들에게는 공통된 원칙이 있다.

첫째, 시간 여유 계좌를 확보한 리더는 예상치 못한 기회나 위기 상황에서 신속하고 적절한 대응을 할 수 있어 경쟁자들보다 한발 앞서 나갈 수 있기 때문이다. 빡빡한 스케줄로 살아가는 리더는 반응적이 된다. 하지만 여유 있는 리더는 능동적으로 행동할 수 있다. 갑작스러운 기회가 와도 검토할 시간이 있고, 위기가 와도 차분히 대응할 시간이 있다.

최근 업계에 큰 변화가 있었을 때 평소 여유 시간을 확보해 둔 리더들은 빠르게 전략을 수정할 수 있었다. 반면 바쁘게만 살던 리더들은 변화에 뒤늦게 대응할 수밖에 없었다. 시장 조사를 할 시간도,

전문가와 상의할 시간도, 팀과 논의할 시간도 부족했기 때문이다. 시간 여유 계좌가 경쟁 우위를 만든다.

둘째, 관계 여유 계좌가 풍부한 리더는 혼자서는 해결할 수 없는 복잡한 문제들을 다양한 전문가들의 도움을 받아 효과적으로 해결할 수 있기 때문이다. 현대의 문제들은 한 사람의 능력으로는 해결하기 어렵다. 다양한 분야의 전문가들과 협력해야 한다. 평소에 관계를 쌓아둔 리더는 필요할 때 적절한 도움을 받을 수 있다. 관계 여유 계좌가 실질적인 도움으로 전환된다.

셋째, 에너지와 감정까지도 자원으로 관리하는 리더는 지속 가능한 고성과를 유지할 수 있어 장기적으로 더 큰 성과를 만들어낼 수 있기 때문이다. 많은 리더가 체력과 감정을 무한정 쓸 수 있는 것으로 생각한다. 하지만 이것들도 제한된 자원이다. 전략적으로 관리해야 오래갈 수 있다.

최근 한 팀장이 번 아웃으로 쓰러진 것을 봤다. 그는 항상 "더 열심히, 더 오래"를 외쳤지만 결국 한계에 부딪혔다. 반면 체력과 감정을 계획적으로 관리하는 다른 팀장은 5년째 안정적인 성과를 유지하고 있다. 모든 것을 자원으로 관리하는 리더가 마라톤에서 승리한다.

여유 계좌의 실제 관리법

여유 계좌 관리는 구체적인 실천이 필요하다. 시간 여유 계좌는 스케줄의 70%만 채우고 30%는 비워둔다. 이동 시간도 넉넉하게 잡는다. 또한 관계 여유 계좌는 정기적으로 안부 연락을 한다. 상대방에게 먼저 도움을 제공하며 다양한 분야의 사람들과 네트워킹한다. 에너지 여유 계좌는 규칙적인 운동과 충분한 수면을 확보한다.

스트레스 관리 방법을 익힌다. 번 아웃 신호를 미리 파악해야 한다.

최근 이런 원칙들을 실천하기 시작한 후 업무 효율성이 크게 향상되었다. 급한 일이 생겨도 여유 있게 대응할 수 있고, 새로운 기회가 와도 충분히 검토할 시간이 있다. 여유 계좌 관리가 리더십의 품격을 높인다.

오늘부터 시작하는 여유 계좌 관리

오늘, 당신의 여유 계좌를 점검해 보라. 시간 여유가 있는가? 관계 여유가 있는가? 에너지 여유가 있는가? 부족한 부분이 있다면 지금부터 조금씩 쌓아가라. 스케줄에 여유를 두고, 평소에 관계를 쌓고, 체력과 감정을 관리하라. 여유 계좌가 풍부한 리더가 진정한 여유를 가진다.

자원을 관리하는 리더가 되어라

모든 것이 자원이라는 관점으로 리더십에 접근해 보라. 시간도, 관계도, 에너지도 전략적으로 관리하라. 여유 계좌가 풍부한 리더 밑에서 팀원들도 여유를 갖게 된다. 그런 조직은 위기에 강하고 기회에 민감하다. 여유 계좌를 관리하는 자만이 진정한 리더가 된다. 당신이 먼저 여유를 확보할 때, 팀 전체가 안정감을 찾기 시작한다. 당신이 보여주는 전략적 사고를 통해 새로운 문화가 만들어진다. 그리고 그 여유 속에서 더 큰 기회를 포착하고 더 나은 결정을 내릴 수 있게 될 것이다. 오늘부터 여유 계좌를 관리하는 리더가 되어보라. 여유 있는 자만이 진정한 성공을 만들어낸다.

"모든 것을 자원으로 관리하고 여유 계좌를 확보하는 리더가 지속 가능한 성공을 만든다."

35

고요한 결심이 가장 멀리 간다

"진정한 용기란 무서워도 올바른 일을 하는 것이다."

—마크 트웨인(Mark Twain)

조이의 바닥에서 시작된 기적

영화 《조이》의 주인공 조이는 발명가였다. 그러나 그녀는 처음부터 하고 싶은 것들을 할 수 없었다. 세 아이의 엄마, 이혼녀, 빚더미 속의 평범한 여성. 은행은 외면했고, 가족은 의심했고, 시장은 문을 닫았다. 하지만 그녀는 포기하지 않았다. 어느 날 밤, 조이는 지하실에서 자신이 만든 시제품을 바라보며 생각했다.

"이게 내가 할 수 있는 전부일까?"

그때 그녀는 몰랐다. 그 고요한 결심이 훗날 수억 달러 기업을 만들어낼 씨앗이라는 것을.

리더의 진짜 모습이 드러나는 순간

진정한 리더십은 재정이 무너질 때 나오는 태도에서 처절하게 드러난다. 돈이 많을 때가 아니라, 없을 때 어떤 선택을 하느냐가 리더의 품격을 결정한다. 이는 재정적 위기가 리더의 진짜 모습을 드러내는 시험대이기 때문이다.

오래전 예체능 학원을 운영하던 날이 떠오른다. 겨울과 봄 사이는 늘 보릿고개처럼 어려웠었고, 직원 월급만큼은 밀리지 않겠노라 치열하게 버티던 날들이었다. 어느 날 코로나라는 바이러스가 전세계를 강타했고, 직원들 월급도 월세도 낼 수 없을 때 난 선택의 기로에 서 있었다. 문을 닫거나 끝까지 버티거나. 나는 집을 담보로 대출을 받아 직원들 월급을 먼저 주었다.

"학원 어려운 건 제 책임입니다. 선생님들은 어떤 걱정도 하지 마세요"

그 순간에 난 진짜 리더가 되어 있었다.

바닥에서도 흔들리지 않는 힘

조이에게 재정은 현실 그 자체였다. 제품을 만들 자금이 없고, 마케팅할 채널은 막히고, 심지어 자신이 만든 물건을 법적으로 지킬 수 있는 권리조차 빼앗길 위기에 처했다. 아무것도 희망이 보이지 않는 현실 속에서도 조이는 도망치지 않았다. 그녀는 계약서를 다시 읽고, 변호사를 설득하고, 기꺼이 손에 먼지를 묻히며 바닥에서 직접 팔았다. 왜 그럴 수 있었을까?

재정적 어려움 속에서도 흔들리지 않는 리더십이 중요한 이유는 세 가지로 설명할 수 있다.

첫 번째, 피가 마를 때 진짜가 드러난다. 재정은 사업의 피와도 같아서 흐르지 않으면 시스템이 마비된다. 하지만 진정한 리더는 그 피가 마를 때조차 사람을 잃지 않고 방향을 잃지 않는다.

어느 중소기업 사장의 이야기다. 코로나19로 매출이 90% 급감

했을 때 그는 직원 해고 대신 자신의 월급을 0원으로 만들었다.

"저는 혼자라도 버틸 수 있어요. 하지만 여러분들은 가족이 있잖아요."

그 회사는 2년 후 더 강해져서 돌아왔다. 단 한 명의 이직자도 없이. 위기는 사람의 진짜 모습을 보여준다.

두 번째, WHY를 지키는 고요한 결심.

경제적 압박 속에서도 자신의 WHY를 지켜내는 고요한 결심이 단기적 이익보다 장기적 성공을 가져온다. 조이는 쉬운 길을 선택할 수 있었다. 특허권을 팔거나, 다른 회사에 취직하거나. 하지만 그녀는 자신의 WHY를 포기하지 않았다.

"나는 사람들의 삶을 편하게 만드는 제품을 만들고 싶다."

그 신념이 그녀를 끝까지 버티게 했다. 돈은 수단이다. WHY가 목적이다.

세 번째, 희망을 전하는 리더의 힘.

불리한 게임 속에서도 포기하지 않는 리더의 모습이 팀원들에게 희망과 용기를 전하며 함께 위기를 극복할 힘을 만들어낸다. 조이의 팀원들도 처음엔 회의적이었다.

"이게 정말 될까?"

하지만 조이가 포기하지 않는 모습을 보며 하나둘 마음을 열기 시작했다.

"사장님이 저렇게 하는데 우리가 포기할 수 없죠."

리더의 결심이 팀의 에너지가 된다.

단 하나를 지킨 여자

조이는 불리한 게임 속에서 단 한 가지를 지켰다. 바로 자신의

WHY.

"나는 포기하지 않는다. 내가 만든 가치는 세상이 필요로 할 것이다."

이 단순하고도 강한 신념이 그녀를 버티게 했다. 조이는 그야말로 진정한 리더였다. 말로 이끈 것이 아니라 삶으로 이끌어가는 사람.

어느 날 홈쇼핑에서 그녀의 제품이 방송되었다. 준비 없이 나간 첫 방송에서 제품은 하나도 팔리지 않았다. 하지만 조이는 다시 도전했다. 두 번째, 세 번째… 결국 그녀의 제품은 대박이 났다. 한 번에 수만 개씩 팔려 나갔다. 고요한 결심이 기적을 만든 순간이었다.

당신의 위기는 어떤가?

재정적 위기는 모든 리더가 마주하는 현실이다. 하지만 그 순간에도 자신을 잃지 않고 고요한 결심으로 앞으로 나아가는 것이야말로 진정한 리더십이 아닐까? 처음 소개했던 그 스타트업 대표는 어떻게 됐을까? 3년 후 그 회사는 업계 선두 주자가 되었다. 그때 함께 위기를 견뎌낸 직원들은 지금도 그와 함께 일하고 있다. "그 때 사장님을 믿고 따라서 정말 다행이었어요." 위기는 리더를 만들고, 고요한 결심은 기적을 만든다.

결심의 힘

결국 성공하는 팀은 재정이 풍족할 때 빛나는 리더가 아니라 돈이 없어도 흔들리지 않는 고요한 결심을 가진 리더가 이끄는 곳에서 탄생한다. 당신도 지금 어려운 상황에 있는가? 재정적 압박에 시달리고 있는가?

포기하고 싶은 마음이 드는가? 그렇다면 조이를 기억하라. 그녀도 같은 자리에 있었다. 하지만 고요한 결심 하나로 모든 것을 바꿔냈다. 당신의 WHY는 무엇인가? 그것을 지킬 만한 가치가 있는가? 그렇다면 포기하지 마라. 고요한 결심으로 한 걸음씩 나아가라. 그 결심이 당신을 가장 멀리 데려갈 것이다.

＼ 오늘의 리더 메시지

"당신의 고요한 결심 하나가 불가능해 보이는 꿈을 현실로 만들고, 그 과정에서 만난 모든 사람의 인생까지 바꿔놓는다."

시간

Time

36

하루라는 기적

> "시간은 우리가 가진 가장 소중한 자원이다.
> 그리고 가장 쉽게 낭비하는 자원이기도 하다."

About Time의 깨달음

영화를 보다 문득 그런 생각이 들었다. About Time. 시간을 되돌릴 수 있는 능력이 있다면, 우리는 과연 무엇을 바꿀까? 세상을? 타인을? 아니, 대부분은 아주 사소한 한순간을 바꾸고 싶어 할 것이다. 그때 내가 더 웃었더라면. 그 말을 하지 않았더라면. 그 길을 건넜더라면. 시간을 바꾸는 능력은 결국 '그때 내가 어떻게 행동했는지'에 대한 후회를 돌이키기 위한 것이다.

내일의 나에게 주는 선물

그래서 나는 다시 생각하게 된다. 지금 이 1시간 동안 내가 한 행동은 내일의 나에게 어떤 선물이 될까? 어젯밤 침대에 누워 스마트폰을 보던 순간이 있었다. 유튜브 영상을 보다가 문득 시계를 봤더니 새벽 2시였다.

"아, 또 시간을 날렸구나."

그 순간 머릿속에 떠오른 생각이 있었다. 만약 시간을 되돌릴 수 있다면, 이 2시간을 어떻게 쓰고 싶을까?

작은 행동의 거대한 힘

누군가는 아무것도 하지 않은 채 하루를 보냈고, 나는 아주 작은 일 하나를 해냈다. 커피 한 잔을 마셨고, 전화 한 통을 걸었고, 읽고 싶었던 책 한 줄을 읽었다. 그게 대단한 변화는 아닐지 모르지만 내 마음엔 조용한 파문이 인다. 그 파문은 언젠가 내 삶 전체를 흔들 수 있을 만큼 크고 단단하다. 가끔 아주 오랜만에 만난 친구가 아주 큰 성장을 해 있는 걸 마주할 때가 있다. '부럽다'라는 생각과 동시에 내가 알아채야 할 것은 바로 시간이다. 그 친구가 보냈을 성장을 위한 그 시간을 생각한다면 단순히 부러움이 아니라 경외감이 들어야 할 것이다. 작은 시간이 모여 새로운 인생을 만들었던 것이다.

두 번째 인생을 사는 법

About Time의 마지막 장면처럼 나는 오늘 하루를 두 번 산다. 처음엔 평범하게, 그리고 한 번은 소중하게. 두 번째 인생에서는 그 어떤 일상의 행동도 더는 평범하지 않다. 아침에 마시는 커피 한 잔도, 출근길에 듣는 음악도, 동료와 나누는 짧은 대화도. 왜냐하면 그것들이 모여 나를 조금 더 나은 사람으로 만들 테니까.

시간이 가르쳐준 것들

나는 아이들에게 이런 말을 할 때가 있다.

"엄마도 지나 보니 허투루 보낸 시간이 후회되는 순간들이 있다. 그때 해야 했을 일들을 후회하기 전에 지금 시간에 조금 더 최선을 다해라."라고 조언을 하며 나 또한 반성하게 되는 나를 보면서 나도 함께 시간의 소중함을 생각하게 된다.

우리는 모두 제한된 시간을 지니고 있다. 그 시간을 어떻게 쓰느냐가 우리의 인생을 결정한다.

오늘의 작은 선택

그러니 나는 오늘도 나를 위해 아주 작은 행동 하나를 한다.

- 일찍 일어나서 여유로운 아침을 만들거나
- 미뤄둔 전화 한 통을 걸거나
- 요가 아사나 유지를 1초 더 버티거나
- 감사 인사를 한 번 더 하거나
- 사랑하는 사람에게 한 번 더 표현하거나

그게 나의 시간을 빛나게 해줄 거라는 걸 이젠 알 것 같아서.

시간의 복리효과

워런 버핏이 복리를 "세상에서 가장 강력한 힘"이라고 했듯이 시간에도 복리효과가 있다. 오늘 30분 운동하는 것은 그냥 30분이다. 하지만 1년간 매일 30분씩 운동하면? 건강한 몸을 얻는다. 10년간 계속하면? 인생이 바뀐다. 작은 시간의 투자가 거대한 변화를 만든다.

당신의 하루는 어떤가? 지금 이 순간 당신은 시간을 어떻게 쓰고 있는가? 미래의 당신이 지금의 이 시간을 돌아본다면 뭐라고 할까? "그때 그 시간을 더 의미 있게 썼다면…" 아니면 "그때 그 작은 실천이 내 인생을 바꿨구나."

하루라는 기적

매일 아침 우리에게는 24시간이라는 기적이 주어진다. 부자이든 가난하든, 젊든 늙든, 모든 사람에게 공평하게. 그 24시간을 어떻게 쓰느냐가 우리의 내일을, 1년 후를, 10년 후를 결정한다.

About Time의 주인공처럼, 시간을 되돌릴 필요는 없다. 지금 이 순간을 소중하게 살면 된다. 오늘도 당신에게 새로운 24시간이 주어졌다. 이 시간으로 무엇을 만들어갈 것인가? 어떤 작은 행동으로 미래의 당신에게 선물을 줄 것인가? 하루라는 기적을 낭비하지 말고, 빛나게 만들어보자.

↘ 오늘의 리더 메시지

"당신의 작은 30분이 10년 후의 전혀 다른 인생을 만들고, 오늘의 선택이 내일의 기적이 된다."

37

산다는 것은 매일 천천히 태어나는 것이다

"내일이 인생의 마지막이면, 어떤 유언을 남기고 싶은가?"

세 개의 시간, 하나의 진실. 벤자민의 시간은 거꾸로 흐르고, 아델라인의 시간은 멈춰 있다. 그리고 타카토시와 에미, 이 풋풋한 연인의 시간은 서로 엇갈린 채 애달프게 스쳐 간다. 시간을 소재로 한 세 편의 영화, 《벤자민 버튼의 시간은 거꾸로 간다》, 《나는 내일, 어제의 너를 만난다》, 《아델라 인: 멈춰진 시간》은 각기 다른 방식으로 '시간'과 '삶'을 이야기한다. 하지만 이 세 영화가 전하는 메시지는 하나이다.

시간의 흐름 속에서 우리는 어떻게 살아가야 하는가? 벤자민이 남긴 마지막 말 중에서도 《벤자민 버튼》은 깊은 여운을 남긴다. 그는 인생의 마지막 순간, 이렇게 유언한다. "난 이 세상에 태어났을 때처럼 홀로, 빈손으로 떠난다." 노인의 얼굴로 태어난 벤자민이 "엄마, 난 왜 이렇게 태어났어?"라고 묻자 엄마는 말한다.

"삶의 종착역은 다 같아. 그저 조금 다른 길을 선택할 뿐이지."

영화 속 벤자민의 삶을 쭉 보다 보면 어느 순간 알게 된다. 시간이 거꾸로 흐른다는 사실을 제외하면 그의 삶은 우리와 별반 다르지 않다는 사실을. 사랑하고, 상처받고, 떠나보내고, 다시 살아가는… 그 평범함 속에서 오히려 특별함이 피어난다. 시간을 빛나게 만든 사람들, 바로 그의 인생 고비마다 깨달음을 주고 사랑을 가르쳐준 데이지와 그의 딸 캐롤라인, 그리고 이름도 기억나지 않을 정도로 스쳐 간 수많은 인연. 그들이 있었기에 벤자민의 시간은 다채롭게 빛났다.

어느 날 카페에서 한 할아버지를 만났다. 그는 손자 사진을 보여주며 말했다.

"내 인생에서 가장 소중한 건 사람들과 만남이었어. 돈도 명예도 아니고. 함께 웃고 울었던 그 순간들 말이야."

그 말을 들으며 벤자민이 떠올랐다. 그도 마지막에 기억한 건 사람들이었으니까.

애틋한 만남의 의미 《나는 내일, 어제의 너를 만난다》 속 시간은 더 애틋하다. 사랑하는 두 사람의 시간이 서로 반대로 흐르기에 만날 수 있는 날이 점점 줄어든다는 사실은 지금 이 순간의 소중함을 더 절실하게 만든다. 하루하루가 기적처럼 여겨지고 헤어짐조차 사랑의 방식으로 받아들이게 된다.

"만약 우리에게 정해진 만남의 횟수가 있다면?"

친구와 이런 이야기를 나눈 적이 있다. 부모님과 평생 몇 번이나 만날 수 있을까? 계산해 보니 생각보다 적었다.

일 년에 10번 본다면, 30년 후에는 300번. 생각해 보니 그리 많지 않은 숫자다. 그 깨달음 이후 부모님과의 만남이 더 소중해졌다. 흘러가는 시간의 기적 《아델라인: 멈춰진 시간》 속에서 그녀의 시간이 다시 비로소 흐르기 시작할 때 그녀는 정말로, 정말로 환하게 웃는다. 그렇게 아델라인은 사랑하는 사람과 다시 흘러가는 시간 속에서 '평범한' 인생을 살아갈 것이다. 흘러가 버리기에 지금 이 순간이 소중하다는 사실을 절실하게 느꼈을 것이고, 그렇기에 살아 있다는 생동감과 그 안도감으로 이 영화는 끝맺음 된다.

시간은 흐르기에 우리는 살아있다. 매일 천천히 태어나는 삶 어느 날 아침 거울을 보며 생각했다. 어제의 나와 오늘의 나는 다르다. 하루가 지나면서 새로운 경험을 했고, 새로운 생각을 했고, 새로운 사람을 만났다. 그렇게 우리는 매일 조금씩 새로운 사람으로 태어난다.

벤자민이 거꾸로 태어났듯 우리도 매일 새롭게 태어나고 있는 것은 아닐까? 어제와 다른 오늘을, 오늘과 다른 내일을 살아가면서. 시간 속을 어떻게 살 것인가. 그리고 그 흐름 속에서 우리는 얼마나 정성껏, 충실하게 한순간을 살아내고 있는가? 그것이 바로 인생과 시간을 관통하는 하나의 변하지 않는 진리일지도 모른다. 시간은 모두에게 공평하게 주어진다. 하지만 그 시간 속을 어떻게 살아가느냐는 전적으로 우리의 선택이다. 누군가는 목적도 없이 떠도는 배처럼 흘러가고, 또 누군가는 매일매일을 마지막처럼 정성스럽게 살아낸다. 하루하루가 누군가의 첫 만남이자 또 다른 이에게는 마지막 작별일 수 있다.

내가 남기고 싶은 유언

몇 년 전 화제였던 프로그램이 떠오른다. 늙은 모습으로 분장한

부부 혹은 부모 자녀가 서로를 보며 애틋하게 울고 또 웃는다. 그 장면이 한동안 뇌리에서 떠나지 않았다. 우리는 죽음을 향해 가는 중이라는 것이. 그리고 자문했다. 만약 내일이 내 마지막이라면, 나는 어떤 유언을 남기고 싶을까?

"사랑하는 사람들에게 고마웠다고 전해달라."

"후회 없이 살았다고 말해달라."

"매일이 선물 같았다고 기억해달라."

그런 유언을 남길 수 있는 삶을 살고 있는가? 오늘을 마지막처럼, 내일을 첫날처럼. 그러니 다시 묻게 된다. 내일이 내 마지막이라면 나는 어떤 유언을 할 것인가? 그리고 오늘 하루를 어떻게 살 것인가?

벤자민처럼 사람들과의 만남을 소중히 여기며, 타카토시와 에미처럼 지금 이 순간을 애틋하게 품으며, 아델라인처럼 흘러가는 시간에 감사하며. 산다는 것은 매일 천천히 태어나는 것이다. 어제와 다른 오늘의 나로, 오늘과 다른 내일의 나로. 그렇게 매일 새롭게 태어나면 우리는 조금씩 더 나은 사람이 되어간다. 오늘도 당신은 새롭게 태어났다. 그 모습이 어제보다 더 나은 나인가?

↘ 오늘의 리더 메시지

"당신의 오늘 하루가 누군가에게는 마지막 기억이 되고, 당신에게는 새로운 시작이 되며, 그 모든 순간이 인생이라는 아름다운 작품을 완성해 간다."

38

시간의 주인이 되는 순간, 리더십이 시작된다

> "시간은 관리할 수 있는 유일한 자원이다. 다른 것은 관리될
>
> 뿐이다."
>
> —피터 드러커

시간에 쫓기는 삶의 탄식

시간에 쫓기며 허덕이다가 문득 '나 왜 이러고 사느냐'라며 한심한 탄식이 터져 나올 때가 있다. 어제도 그랬다. 아침에 계획했던 일들은 하나도 못 하고 미뤄져 있던 급한 일들에 치여서 하루가 지나갔다. 밤에 침대에 누워 '오늘 나 뭐한 거지?' 하며 허탈한 생각만 남는다.

피터 드러커 말처럼 시간은 우리가 매일 맞이하는 가장 위대하면서도 가장 위험한 자원이다. 누구에게나 똑같이 주어지지만 어떤 사람은 시간을 휘두르고, 어떤 사람은 시간에 휘둘린다.

리더는 시간을 선택하는 사람

리더는 시간을 흘려보내는 사람이 아니라, 시간을 '선택하고 투자하는 사람'이어야 한다. 결국 리더십이란 '시간을 어떻게 이끄는

가'에서 시작되고 발휘된다. 얼마 전 한 CEO를 만났다. 그는 바쁜 일정 중에도 매일 아침 30분씩 책을 읽는다고 했다. "바쁘지 않으세요?"라고 물었더니, 그가 웃으며 대답했다.

"바쁘니까 더 책을 읽어야 해요. 그 30분이 하루 종일의 방향을 결정하거든요."

그 순간 깨달았다. 진짜 리더는 시간을 핑계 삼지 않는다는 것을.

되돌릴 수 없는 시간의 리스크

'아, 그때 그 시간을 그렇게 흘려보냈구나!' 하고 후회할 때가 있다. 어떤 '선택'을 통해 시간을 보내고 경험을 쌓으며 성과도 내보지만 시간이 지나고 나서 '아, 그건 잘못된 선택이었어' 또는 '그 시간이 아까웠어'라고 깨달을 때가 있다. 다시 선택할 수 없고 되돌릴 수 없는 것이 '시간'이기에 어떻게 보면 시간 리스크처럼 큰 것도 없다.

시간 리스크를 최소화하는 리더

리더는 이 시간의 리스크를 최소화해야 한다. 왜냐하면 리더는 팀의 미래를 그리며 지금 뭘 해야 할지 계획을 세우기 때문이고, 팀의 소중한 시간을 어디에 어떻게 써야 할지 신중하게 결정해야 하기 때문이며, 그 시간을 보내는 방향에 따라 결과와 성과가 엄청나게 달라지기 때문이다. 그래서 리더십이란 단순히 앞에 서는 게 아니라 시간의 방향을 올바르게 정하고 그 방향으로 팀을 이끌어가는 능력을 말하는 것이다.

"바빠서 못 했어."라는 변명의 끝

주변에서 "너무 바빠서 못 했어."라는 말을 자주 들어봤을 것이다. 물론 나도 가끔 하는 말이기도 하다. 그런데 진짜 리더는 달랐다. "내가 어디에 시간을 쓸지는 내가 정한다."라고 생각하는 사람이 리더다.

한 팀장의 이야기가 인상 깊다. 그는 매일 저녁 30분씩 팀원들과 개별 면담을 한다. "시간이 없지 않으세요?"라고 물었더니, "이 30분이 내일의 3시간을 절약해 줘요. 소통이 되면 일의 효율이 올라가거든요." 시간을 투자하는 사람과 시간을 소비하는 사람의 차이였다.

벼랑 끝에서 시작된 변화

1분도 채 뛰기 힘들 정도로 체력이 떨어지고 나서야 벼랑 끝에 선 마음으로 운동을 시작했다. 무릎이 안 좋다는 핑계로 계속 미루다가 더는 안 되겠다고 판단한 것이다. 무조건 20분 이상은 뛰고 걷겠다고 마음먹고 시작했다. 운동해야 한다는 마음속 굳은 결심을 한 지 6개월 만의 행동이었다. 장마철이라 비가 와도 우산을 쓰고 뛰었다. 첫발을 내딛고 결심을 행동으로 옮기고 나니 이젠 내가 이 시간을 끌어가고 있다는 것을 알게 되었다. 이것이 바로 '시간을 행동으로 바꾸는 힘'이다.

행동하는 리더의 힘

계획만 세우고 실행하지 않는 리더는 고장 난 시계처럼 헤맬 뿐이다. 브라이언 트레이시가 말했듯이 모든 변화는 '행동의 시작'에 있다. 그 행동을 꾸준히 이어가며 시간을 투입할 때 리더는 비로소 변화를 만들어낼 수 있게 된다.

어느 스타트업 대표의 이야기다. 그는 매일 새벽 5시에 일어나서 2시간 동안 새로운 기술을 공부한다.

"언제부터 그렇게 하셨어요?"

"회사가 어려워졌을 때부터요. 더 배워야 살아남을 수 있겠더라고요."

위기가 그를 시간의 주인으로 만들었다.

리더가 묻는 다른 질문

보통 사람은 "오늘 내가 뭘 해야 하지?"라고 묻는다. 하지만 리더는 다르게 묻는다.

"지금 이 시간을 어디에 투자해야 6개월 후 우리 팀의 방향이 바뀔까?"

브라이언 트레이시가 강조한 '우선순위의 행동화'가 바로 이것이다. 리더는 중요한 일에 시간을 쓰기 위해 덜 중요한 일을 과감히 포기하는 사람이다. 시간을 '결단'의 언어로 해석하는 존재가 리더다.

시간을 움직이는 리더

시간은 모든 사람에게 평등하게 주어지지만, 그 시간을 어떻게 지휘하느냐에 따라 리더와 팔로워로 갈린다. 결국 성공하는 팀은 시간을 따라 움직이는 것이 아니라, 시간을 움직이게 만드는 리더가 이끄는 팀이다. 당신은 지금 시간의 주인인가, 아니면 시간의 노예인가? 오늘부터 시간을 선택하라. 중요한 일에 시간을 투자하라. 작은 행동을 시작하라. 그 순간, 당신의 리더십이 시작된다.

↘ 오늘의 리더 메시지

"당신이 시간을 선택하는 순간 리더가 되고, 그 선택이 쌓여 팀의 미래가 되며, 작은 투자가 거대한 변화를 만들어낸다."

39

리더는 가장 느리게 흔들리는 사람이다

"나무는 조용히 자라지만, 바람이 불면 모든 이가 그 소리를
듣는다."

—중국 속담

《인턴》이 깨트린 리더십의 공식

빠르게 움직이는 세상에서 더 많이, 더 빨리, 더 젊게 하는 것이
현대 리더십의 공식처럼 보이는 시대에, 영화 《인턴》은 그 공식을
조용히 깨트린다. 70세의 벤이 젊은 여성 CEO 줄스의 회사에 '고
령자 인턴'으로 들어간다. 처음엔 어색하고 낯설었던 그 존재가 조
직에, 사람에, 그리고 리더 자신에게 깊은 울림을 전하기 시작한다.
진정한 리더십은 앞장서는 사람이 아니라, 곁을 오래 지켜주는 사
람에게서 온다.

70세 인턴이 보여준 진짜 리더십

벤의 첫 출근 장면을 기억하는가? 젊은 직원들 사이에서 그는 확
실히 이질적이었다. 정장을 깔끔하게 차려입고, 가방은 손으로 들
고, 느린 걸음으로 걸었다. 하지만 시간이 지나면서 변화가 일어났

다. 그가 커피를 타 주자 직원들이 웃기 시작했고, 그가 조용히 들어주자 사람들이 자신의 이야기를 꺼내기 시작했다. 리더는 늘 말하는 사람이 아니라 먼저 듣는 사람, 오래 기다리는 사람, 가장 묵직한 순간에 곁에 남아있는 사람이다.

시간이 만드는 깊이

이는 시간이 사람을 낡게 하지 않고 오히려 깊게 만들기 때문이다. 경험은 늙지 않는다. 벤은 누구보다 조용하지만 누구보다 잘 경청하고, 누구보다 먼저 움직이며, 누구보다 포기하지 않는다.

실제 회사에서 이런 일이 있었다. 신입사원이 실수를 연발해서 모든 팀원이 짜증을 내고 있었는데 유일하게 60대 부장님만 그 신입사원을 따로 불러 차근차근 가르쳐주었다.

"부장님, 시간이 아깝지 않으세요?"

"지금 이 시간이 가장 가치 있는 투자야. 이 아이가 성장하면 회사 전체가 성장하거든."

나이가 주는 여유가 진짜 리더십을 만들었다.

빠른 리더, 외로운 리더

줄스는 유능하지만 외로웠고, 빠르지만 불안했다. 그녀는 성과로 증명하는 리더였지만 사람의 마음을 읽는 데에는 서툴렀다. 영화 속에서 줄스가 밤늦게 혼자 사무실에 남아있는 장면이 나온다. 성공한 CEO지만 누구에게도 자신의 고민을 털어놓을 수 없었다. 성과는 뛰어났지만 고립되어 있었다.

이런 리더들을 많이 봤다. 빨리 결정하고, 빨리 실행하고, 빨리 성과를 내지만 정작 팀원들과는 거리가 멀다.

"대표님은 항상 바쁘셔서 우리 이야기를 들어주실 시간이 없어

어 보여요."

한 팀원의 말이 가슴에 남는다.

벤이 보여준 다른 방식

그런 그녀 곁에서 벤은 말하지 않았다. 그는 그저 옆에 있었고, 그저 들어주었고, 묵묵히 지지했다. 영화에서 가장 인상 깊은 장면 중 하나가 있다. 줄스가 개인적 문제로 힘들어할 때 벤은 긴 조언을 하지 않았다. 그저 "힘들겠네요."라고 말하며 옆에 앉아 있었다. 때로는 해결책보다 공감이 더 큰 힘이 된다.

시간 기반 리더십의 세 가지 힘

시간을 기반으로 한 리더십이 조직을 변화시키는 이유는 세 가지로 설명할 수 있다.

첫 번째, 본질에서 오는 안정감.

빠름과 효율이 리더의 기술이라면 시간과 품격은 리더의 본질이며, 이것이 구성원들에게 진정한 안정감과 신뢰를 제공한다. 어느 중소기업 대표의 이야기다. 40대에 회사를 차렸을 때는 모든 걸 빨리빨리 해결하려 했다. 하지만 50대가 되면서 달라졌다.

"이제는 직원들과 충분히 상의하고 결정해요. 시간은 좀 걸리지만 결과는 훨씬 좋아졌어요."

급함보다 깊이가 더 큰 힘을 발휘한다.

두 번째, 깊은 사고를 가능하게 하는 여유.

경청하고 존중하며 묵묵히 기다릴 줄 아는 리더의 모습이 급한 마음을 달래고 깊은 사고를 가능하게 하여 더 나은 결정을 끌어낸다. 벤이 직원들과 대화하는 장면을 보면 그는 절대 서두르지 않는다. 상대방이 말을 다 할 때까지 기다리고 생각할 시간을 준다. 기다림이 주는 여유가 창의성을 만든다.

세 번째, 중심축 역할.

가장 느리게 흔들리는 리더의 일관된 모습이 혼란스러운 상황에서도 팀의 중심축 역할을 하며 모든 구성원이 자신의 중심을 되찾을 수 있게 돕는다. 벤은 회사에 위기가 와도 흔들리지 않았다. 그의 침착함이 다른 직원들에게도 전해졌다. 리더의 중심이 팀의 중심이 된다.

시간이 증명하는 리더십

리더십은 나이로 측정되지 않는다. 리더십은 '시간을 어떻게 살아왔는지'로 드러난다. 그리고 그것은 '어떤 존재로 남아있었는가?'라는 질문으로 돌아온다. 벤을 통해 우리는 배운다. 그 시간 속에서 줄스가 조금씩 리더로 중심을 되찾아가듯 진정한 리더는 급하게 앞서가는 사람이 아니라 천천히, 그러나 확실하게 사람들의 마음에 뿌리를 내리는 사람이다.

천천히 흔들리는 나무처럼

영화 마지막 장면에서 벤과 줄스가 공원을 산책하는 모습이 나온다. 느린 걸음이지만 대화는 깊고, 시간은 여유롭지만 마음은 충만하다. 그 모습이 진짜 리더십이었다.

한 원로 교수님이 말씀하신 게 기억난다.

"젊을 때는 빨리 가려고만 했는데, 나이 들고 보니 천천히 가는 게 더 멀리 가는 길이더라."

가장 느리게 흔들리는 중심

결국 성공하는 팀은 빠르게 변화하는 리더가 아니라 시간의 무게를 품고 가장 느리게 흔들리는 중심 같은 리더가 이끄는 곳에서 탄생한다. 당신은 어떤 리더인가? 바람에 쉽게 흔들리는 나뭇가지인가, 아니면 깊이 뿌리내린 거대한 나무인가? 오늘부터 조금 더 천천히 움직여보라. 조금 더 깊이 들어보라. 조금 더 오래 기다려보라. 시간은 진짜 리더를 만들고, 경험은 깊은 리더십을 완성한다. 벤처럼, 가장 느리게 흔들리는 사람이 되어보자. 그 중심에서 진정한 리더십이 피어날 것이다.

＼ 오늘의 리더 메시지

"당신이 천천히 움직일수록 팀은 더 깊이 생각하고, 당신이 오래 기다릴수록 더 좋은 결과가 나오며, 가장 느리게 흔들리는 중심이 가장 강한 리더십을 만든다."

인격

character

40

당신은 어떤 사람으로 기억되고 싶은가?

> "사람들은 당신이 얼마나 많이 아는지는 신경 쓰지 않는다.
>
> 당신이 얼마나 신경 쓰는지를 안다."
>
> —시어도어 루스벨트

한 번의 만남이 인생을 바꾼다. 몇 년 전, 한 CEO의 강연을 들으러 간 적이 있다. 솔직히 별 기대 없이 갔었다. 그런데 그가 입을 열자마자 공기가 바뀌었다.

"여러분은 제게 가족이고 친구입니다."

흔한 립서비스인가 싶었는데 이어지는 말에 가슴이 뛰기 시작했다.

"저도 혼자서는 아무것도 할 수 없었습니다. 지금 이 자리에 있을 수 있게 해준 분들이 얼마나 많은지… 이제는 제가 그 은혜를 갚을 차례입니다. 함께 세상을 바꿔나갑시다."

그는 정말로 그렇게 살고 있었다. 직원들의 아이디어를 경청하고, 실패의 책임은 혼자 지면서, 성공의 공로는 모두와 나누었다. 그날 나는 깨달았다. '저 사람과 함께 일하고 싶다.'

결국은 사람이다

모든 비즈니스의 본질은 사람이다. 우리는 매 순간 누구와 함께 할지를 선택한다. 그 선택의 기준은 무엇인가? 바로 인격이다. 왜 하필 인격인가? 세 가지 명확한 이유가 있다.

첫 번째 이유: 능력은 변해도 인격은 변하지 않는다.

프로젝트가 바뀐다. 환경이 달라진다. 필요한 스킬도 계속 변한다. 하지만 그 사람이 어떤 마음으로 일하는지, 동료를 어떻게 대하는지는 변하지 않는다. 실리콘밸리의 한 스타트업 대표는 이렇게 말했다.

"우리는 스킬을 가르칠 수 있다. 하지만 인격은 가르칠 수 없다."

두 번째 이유: 인격은 어려울 때 함께할 이유를 준다.

일이 잘 풀릴 때는 누구나 함께하려 한다. 문제는 위기가 닥쳤을 때다. 재능 있는 사람들은 더 좋은 기회를 찾아 떠난다. 하지만 인격 있는 리더 곁에는 사람들이 남는다. 재능은 일시적 성공을 약속하지만, 인격은 동행을 약속한다.

세 번째 이유: 인격은 혼자가 아닌 함께 성장하게 만든다.

뛰어난 개발자 한 명이 밤새워 프로젝트를 완성할 수 있다. 하지만 팀원들의 목소리에 귀 기울이고, 실수를 함께 책임지고, 성과를 나누는 리더가 있다면? 팀 전체가 성장한다. 재능 있는 개인은 문제를 해결하지만, 인격 있는 리더는 사람을 키운다. 그렇다면 인격은 어떻게 드러나는가? 인격도 행동으로 증명해야 한다.

《행동하지 않으면 인생은 바뀌지 않는다》의 저자 브라이언 트레이시는 말했다.

"작은 행동이 큰 변화를 만든다."

나는 여기에 하나 더 덧붙인다.

"행동하지 않으면, 인격도 전해지지 않는다."

인격을 행동으로 옮기는 법

매일 우리는 좋은 마음을 품는다. 하지만 그것이 행동으로 이어져야 한다.

회의에서 나온 좋은 아이디어를 발표할 때: "이건 ○○가 처음 제안해 준 거예요."

팀원이 실수했을 때: "이건 내가 미리 체크해 줘야 했는데."

성과가 나왔을 때: "우리 모두의 노력 덕분입니다."

이런 소소한 행동들이 바로 '인격의 실천'이다.

말보다 행동이 먼저다

말로는 누구나 좋은 리더가 될 수 있다. 하지만 말을 행동으로 바꾸는 사람만이 진짜 인격을 갖춘 리더가 된다. 트레이시가 옳다. 아무리 좋은 의도라도 행동 없이는 변화가 없다. 리더의 인격 역시 매일의 작은 행동을 통해서만 전달된다.

진짜 인격은 이런 순간에 드러난다

성공했을 때 → 공을 함께 나누는 마음

실패했을 때 → 남 탓하지 않고 책임지는 자세

갈등이 생겼을 때 → 이기려 하지 않고 이해하려는 노력

당신의 선택은?

마지막으로 질문 하나 던지겠다. 당신은 어떤 사람으로 기억되고 싶은가? 뛰어난 재능으로 인정받는 사람인가? 아니면 훌륭한 인격으로 사랑받는 사람인가?

재능은 사람을 잠시 끌어당긴다. 하지만 인격은 사람을 변화시킨

다. 결국 성공하는 팀의 비밀은 하나다. 리더의 인격이 팀원들의 마음을 움직이는 것. 그 마음이 바로 기적을 만든다.

↘ 오늘의 리더 메시지

"당신의 작은 행동 하나가 누군가의 인생을 바꾸고, 그 변화가 세상을 움직이는 힘이 된다."

41

인격을 갖춘다는 것

> "사람들은 당신이 얼마나 많이 아는지는 신경 쓰지 않는다.
>
> 당신이 얼마나 신경 쓰는지를 안다."
>
> —시어도어 루즈벨트

살다 보면, 사람의 능력보다 인격이 더 크게 다가오는 순간이 있다. 그 사람이 가진 말, 지위, 경력이 아니라 그가 '어떻게 말하고, 어떻게 행동하며, 어떻게 타인을 대하는가?'가 오래도록 기억에 남는다.

작은 것에서 시작되는 인격

나는 가끔 스스로에게 질문해 본다. '나는 지금 어떤 태도로 살아가고 있을까?' 좋은 인격은 작은 말, 작은 약속, 작은 태도에서 시작된다.

- "나중에 연락할게요"라는 말을 정말 지키는 것
- 약속 시간을 맞추기 위해 조금 더 서두르는 것
- 대화할 때 상대의 감정까지 헤아리며 배려하는 것

이렇게 일상 속 작은 마음 다짐에서 좋은 인격은 만들어진다.

왜 인격이 중요한가?

인격이 중요한 이유는 세 가지다.

첫 번째, 능력은 변해도 인격은 변하지 않는다. 프로젝트가 바뀌고 환경이 달라져도, 그 사람이 어떤 마음으로 일하는지, 동료를 어떻게 대하는지는 변하지 않는다. 실리콘밸리 한 스타트업 대표가 말했듯, "우리는 스킬을 가르칠 수 있다. 하지만 인격은 가르칠 수 없다."

두 번째, 인격은 어려울 때 함께할 이유를 준다. 일이 잘 풀릴 때는 누구나 함께한다. 문제는 위기가 닥쳤을 때다. 능력 있는 사람들은 더 좋은 기회를 찾아 떠나지만, 인격 있는 리더 곁에는 사람들이 남는다. 능력은 일시적 성공을 약속하지만, 인격은 동행을 약속한다.

세 번째, 인격은 함께 성장하게 만든다. 뛰어난 개발자 한 명이 밤새 프로젝트를 완성할 수 있다. 하지만 팀원들의 목소리에 귀 기울이고, 실수를 함께 책임지며, 성과를 나누는 리더가 있다면 팀 전체가 성장한다. 능력 있는 개인은 문제를 해결하지만, 인격 있는 리더는 사람을 키운다.

완벽함이 아닌 성장하는 마음

완벽한 사람은 없다. 대신, 실수했을 때는 숨기지 않고 "제 잘못입니다."라고 말할 수 있는 사람이 되고 싶다. 감정이 휘몰아치는 순간에도, 그 감정에 휩쓸리지 않고 잠시 침묵할 수 있는 사람이 되고 싶다. 그리고 내가 옳다고 느낄 때일수록 상대의 이야기를 더 들어보는 사람이 되고 싶다.

매일이 연습이다. 나는 아직 완성된 사람이 아니다. 그래서 매일이 연습이고, 매일이 도전이며 성장이다. 누군가에게 내 말과 행동이 조용한 위로가 되기를 바라며, 내가 서 있는 자리에서 부드러운 신뢰를 남기는 사람이 되고 싶다. 그 마음이 내 인격을 천천히, 조금씩 자라게 해준다.

브라이언 트레이시는 《행동하지 않으면 인생은 바뀌지 않는다》에서 말했다.

"작은 행동이 큰 변화를 만든다."

여기에 하나를 더 덧붙이고 싶다.

"행동하지 않으면, 인격도 전해지지 않는다."

좋은 인격은 어느 날 갑자기 갖춰지는 것이 아니다. 말보다 태도, 생각보다 실천으로 살아가는 사람의 시간 속에서 천천히 만들어진다.

인격이 드러나는 순간들

진짜 인격은 이런 순간에 드러난다:

- 성공했을 때 → 공을 함께 나누는 마음
- 실패했을 때 → 남 탓하지 않고 책임지는 자세
- 갈등이 생겼을 때 → 이기려 하지 않고 이해하려는 노력
- 회의에서 나온 아이디어를 발표할 때 → "이건 ○○가 처음 제안해 준 것이다."
- 팀원이 실수했을 때 → "이건 내가 미리 체크해 줘야 했는데."
- 성과가 나왔을 때 → "우리 모두의 노력 덕분이다."

이런 소소한 행동들이 바로 인격의 실천이다.

당신은 어떤 사람으로 기억되고 싶은가? 오늘도 나는 그 마음을 잊지 않으려 노력하며 살아간다.

- 뛰어난 능력으로 인정받는 사람인가?
- 훌륭한 인격으로 사랑받는 사람인가?

능력은 사람을 잠시 끌어당긴다. 하지만 인격은 사람을 변화시킨다. 결국, 성공하는 팀의 비밀은 하나다. 리더의 인격이 팀원들의 마음을 움직이는 것 그 마음이 바로 기적을 만든다.

＼오늘의 리더 메시지

"당신의 작은 행동 하나가 누군가의 인생을 바꾸고, 그 변화가 세상을 움직이는 힘이 된다."

42

공명의 씨앗을 뿌리는 정원사의 마음

"위대한 정원사는 꽃을 피우기보다, 꽃이 피어날 수 있는

환경을 조성한다."

—루도빅 수릴로(Ludovic Sirolo), 조경가

초대하는 리더의 비밀

어느 봄날, 식물에 진심인 식집사인 나는 한 정원을 지나다가 멈춰 섰다. 그곳에는 화려한 꽃들이 저마다의 색깔로 피어 있었다. 진한 분홍빛으로 곱게 물든 채 겹겹이 쌓인 여린 꽃잎들이 화려한 러넌큘러스, 노란빛으로 수줍게 피어있는 단아한 수선화. 봄바람에도 하늘거리는 각양각색의 튤립들. 모두 다르지만 조화로웠다. 정원사에게 물었다.

"어떻게 이렇게 아름다운 정원을 만드셨나요?"

그는 웃으며 대답했다.

"저는 꽃을 피우지 않습니다. 단지 꽃들이 자신만의 방식으로 피어날 수 있도록 도울 뿐이에요."

그 순간 깨달았다. 리더십은 '지시'보다 '초대'에서 시작된다는

것을.

도구가 아닌 존재로

진정한 리더는 구성원의 마음 밭에 공명의 씨앗을 심는 정원사의 마음을 가진 사람이다. 초대하는 리더는 구성원을 성과의 도구로 보지 않는다. 대신, 한 사람의 고유한 존재로 바라보고 그 안에 숨어 있는 잠재력을 인식하며 다가간다. 마치 햇살과 바람, 흙의 결을 이해하며 식물 하나하나를 가꾸는 정원사처럼, 리더는 팀원을 조화롭고 건강하게 키워내는 환경을 만든다. 이 따뜻한 마음이 바로 '공명'의 시작이다. 억지로 끌고 가지 않고, 스스로 울려 퍼지게 하는 힘. 그것은 인격에서 비롯된다.

왜 인격이 중요한가?

이러한 리더의 인격이 중요한 이유는, 팀이라는 공동체가 결국 신뢰와 존중의 생태계 위에 자라기 때문이다. 기술과 전략, 실적도 물론 중요하다. 하지만 구성원을 진심으로 '초대'하지 않으면 팀은 단지 함께 있는 집단일 뿐, 하나 된 공동체가 되지는 못한다. 리더의 인격은 팀의 온도를 결정하고, 그 따뜻함이 구성원의 마음을 열게 만든다.

공명의 씨앗을 심는 세 가지 방법

초대자의 인격이 곧 공명의 씨앗을 심는 이유는 세 가지다.

첫 번째, 존재 자체로 존중한다.

리더가 팀원을 '성과의 도구'가 아니라 '고유한 존재'로 바라볼 때, 진정한 관계가 시작된다. 이는 단지 "수고했어"라는 말로 되는 것이 아니다. 눈을 맞추고, 말을 끝까지 들어주고, 작은 성장을 기뻐해 주는 태도에서 존중은 묻어난다. 구성원은 그것을 직관적으로 알아채고, 마음을 연다. 초대는 인격의 언어다.

두 번째, 일관된 진실함으로 신뢰를 쌓는다.

진실한 리더는 말과 행동이 일치한다. 원칙을 자신부터 지키고, 실수를 인정하며, 구성원에게 책임과 권한을 동시에 믿고 맡긴다. 이 신뢰는 일방적 명령으로는 결코 얻을 수 없다. 정직한 태도에서 피어나는 신뢰야말로 팀의 뿌리를 깊게 한다.

세 번째, 기다림과 섬세한 관심으로 관계를 가꾼다.

무엇보다 초대하는 리더는 기다릴 줄 아는 정원사다. 당장 성과를 요구하지 않고, 조급하지 않으며, 구성원이 자라날 수 있는 환경을 만든다. 기다림 속에서 들려오는 구성원의 작은 속삭임을 귀 기울여 듣고, 적절한 햇볕과 물을 주듯 마음을 어루만진다. 그 섬세한 돌봄 속에서 구성원은 스스로 피어오른다.

향기가 퍼지는 정원

이렇듯, 리더의 인격은 팀이라는 정원 안에 씨앗처럼 심어지고 나비처럼 날아다니며 어느 순간 그 정원의 향기가 팀 전체에 퍼진다. 말하지 않아도 전해지는 태도, 강요하지 않아도 따라가고 싶은 분위기. 그것이 초대하는 리더의 힘이다.

어느 날, 그 정원을 다시 찾았다. 정원사는 여전히 조용히 식물들을 돌보고 있었다.

"정원이 더 풍성하게 아름다워졌네요."

"꽃들이 스스로 자라났을 뿐입니다. 저는 그저 기다렸을 뿐이에요."

그의 얼굴에는 만족스러운 미소가 번졌다. 자신이 키운 것이 아니라 꽃들이 스스로 피어났다는 것에 대한 기쁨이었다.

당신도 정원사가 될 수 있다

결국 성공하는 팀은, 공명의 씨앗을 심고 정원사의 마음으로 기다릴 줄 아는 리더가 있는 팀이다. 정원사는 꽃을 피우지 않는다. 단지, 꽃이 저절로 피어날 수 있게 돕는다. 초대하는 리더의 인격도 그와 같다.

당신의 팀은 어떤 정원인가? 구성원들이 각자의 색깔로 피어날 수 있는 따뜻한 공간인가? 아니면 획일적인 성과만을 요구하는 차가운 온실인가? 오늘부터 당신도 정원사가 되어보라. 지시하지 말고 초대하라. 재촉하지 말고 기다려라. 통제하지 말고 신뢰하라. 그 작은 변화가 팀 전체를 향기로운 정원으로 바꿀 것이다.

＼ 오늘의 리더 메시지

"당신의 따뜻한 초대 한 마디가 누군가의 잠든 가능성을 깨우고, 그 작은 씨앗이 조직 전체를 변화시키는 숲이 된다."

43

리더의 마지막 언어

> "인격은 어둠 속에서 당신이 누구인지를 보여준다."
>
> —드와이트 무디(Dwight L. Moody)

조용한 질문, 강력한 답

회의실에서 한 CEO의 프레젠테이션을 들었다. 완벽한 전략, 치밀한 계획, 화려한 비전이 쏟아져 나왔다. 하지만 발표가 끝난 후, 직원들의 표정은 썩 밝지 않았다. 나중에 한 직원이 조용히 말했다.

"전략은 좋아요. 그런데… 저 사람을 믿을 수 있을까요?"

그 순간 깨달았다. 사람들은 '무엇을'이 아니라 '누구를' 따른다는 것을.

'WHY'를 증명하는 방법

리더는 '무엇을 할 것인가'보다, '왜 그것을 하는가'로 사람을 이끄는 존재다. 사이먼 사이넥의 골든 서클처럼 리더십은 'WHY'에서 출발하고, 'HOW'로 실행되며, 'WHAT'으로 완성된다. 하지만 많은 리더가 무엇을 잘하는가에 집착하는 사이에, 사람들은 조용히 묻고 지켜보고 있다.

"이 사람은 누구인가?"

"이 사람을 따를 이유가 있는가?"

이것은 바로 리더의 지식도 전략도 아닌 인격에 관한 질문이다.

조용하고도 강력한 언어

왜 인격인가? 리더의 인격이 그의 WHY를 증명하는 가장 조용하고도 강력한 언어이기 때문이다. 많은 사람이 리더의 말에 감동하지만, 오래 따르는 이유는 결국 그 사람의 일관된 삶 때문이다. 신뢰는 말이 아니라, 축적된 인격의 결과다.

당신이 리더로서 품은 WHY는 무엇인가? 당신이 존재하는 이유, 이끌고자 하는 방향, 그리고 그 목적을 실현하기 위해 어떤 사람으로 살아가고 있는가?

인격이 말하는 세 가지

인격이 리더십의 핵심인 이유는 세 가지로 설명할 수 있다.

첫 번째, 태도에서 드러나는 진심인 인격은 태도에서 드러난다. 말 한 마디에 담긴 존중과 듣는 자세에 담긴 진심으로 사람들의 마음을 움직인다.

어느 날, 한 팀장이 신입사원의 실수에 대해 이렇게 말했다.

"괜찮아. 나도 처음엔 그랬어. 다음엔 어떻게 하면 좋을까 함께 생각해 보자."

그 한 마디에 팀 전체의 분위기가 바뀌었다. 실수를 두려워하던 분위기가 서로 돕고 배우는 문화로 바뀐 것이다.

두 번째, 약속을 지키는 일관성인 약속을 지키는 습관과 유혹 앞에서도 흔들리지 않는 선택이 리더의 진정성을 보여주는 가장 확실한 증거가 된다. 작은 약속부터 시작된다. "내일 아침 9시에 만나자."라고 했으면 8시 50분에 도착하는 것. "다음 주까지 검토해서 연락드릴게요."라고 했으면 정말 연락하는 것. 이런 작은 신뢰가 쌓여 큰 신뢰가 된다. 말은 쉽지만, 지키는 것은 인격의 영역이다.

세 번째, 모든 것을 결정하는 힘은 그 사람이 어떤 사람인지가 모든 선택과 방향 그리고 사람과의 관계를 결정짓는다. 이것이 곧 진정한 영향력의 원천이 된다. 위기가 닥쳤을 때 진짜 리더가 드러난다. 책임을 떠넘기는가, 아니면 먼저 나서는가? 성과를 혼자 가져가는가, 아니면 팀과 나누는가? 그 순간의 선택이 그 사람의 인격을 말해준다.

당신의 마지막 언어는?

리더십은 말이 아니다. 리더십은 설득이 아니다. 리더십은 인격이다. WHY에서 시작한 사람은 결국 사람의 신뢰로 완성된다. 그리고 그 신뢰는 인격으로 살아낸 WHY일 때 비로소 진짜 영향력을 만든다. 화려한 전략과 완벽한 계획도 중요하지만, 사람들이 진정으로 따르고 싶어하는 것은 일관된 인격을 통해 자신의 WHY를 살아내는 리더의 모습이다.

마지막으로 당신에게 묻는다. 당신의 마지막 언어는 무엇인가? 말인가, 아니면 인격인가?

오늘부터 당신의 WHY를 인격으로 증명해 보라. 작은 약속을 지키고, 어려운 순간에 먼저 책임지고, 성공을 함께 나누어라. 그것이 진정한 리더가 되는 길이다.

"당신의 인격이 말하는 언어가 백 번의 연설보다 강력하고, 한 번의 진심 있는 행동이 천 개의 약속보다 사람을 움직인다."

성공

success

44

성공은 언제나 초대로 시작된다

> "성공은 혼자 오는 것이 아니다. 함께 나누어야
> 진짜가 된다."
>
> —오프라 윈프리

성공이라는 단어의 무게

살아오며 성공이라는 말을 수없이 들어왔다. 목표를 이루는 것, 남들보다 앞서는 것, 물질적인 풍요를 갖는 것. 모두 맞는 말일지 모른다. 하지만 《당신을 초대합니다》를 읽고 나서 나는 조금 다르게 성공을 생각하게 되었다.

어느 봄날 카페에서 이 책을 읽고 있었다. 옆 테이블에서 한 중년 남성이 젊은 직장인에게 조언하는 모습이 보였다.

"힘들 때일수록 주변을 둘러보세요. 도움이 필요한 사람이 있을 겁니다. 그들을 도우면서 오히려 본인이 더 성장하게 될 거예요."

그 순간 책 속 문장과 현실이 겹치면서 깨달았다. 성공은 단순히 개인의 완성이라기보다 함께 걷자는 손 내밂이다. 누군가를 초대할 수 있을 만큼 삶이 탄탄해진 상태에서 비로소 시작된다.

존 리비가 건네는 따뜻한 손길

책의 저자 존 리비는 자신의 인생을 걸어오며 다양한 방식으로 '초대'를 건넨다. 그는 다정하게도, 때로는 단호하게 우리에게 말을 건넨다. 더 나은 방향으로 나아가기 위해, 더 많은 가능성을 껴안기 위해, 삶의 무게에 눌린 이들에게 등을 떠밀어주기 위해. 그의 글을 읽는 내내 나는 그런 '초대'를 받을 준비가 되었는지 스스로에게 묻게 되었다.

며칠 전 회사 후배가 찾아왔다. 업무 스트레스로 지쳐 보였다.

"선배님, 요즘 너무 힘들어요. 어떻게 버티셨어요?"

그때 존 리비의 말이 떠올랐다. '때로는 누군가에게 손을 내밀어야 할 때가 있다'라고. 나는 그 후배와 커피 한 잔을 마시며 긴 시간 대화를 나눴다. 내 경험을 나누고, 함께 해결책을 찾아갔다.

일주일 후 그 후배가 웃으며 말했다.

"선배님 덕분에 다시 힘을 낼 수 있었어요."

그것이 바로 '초대'였다.

목적지가 아닌 여행 방식으로서의 성공

성공이란 무엇인가? 어떤 이는 높은 자리에 오르거나 부를 축적하거나 이름을 알리는 것을 성공이라 여긴다. 그러나 책을 덮으며 내 안에 떠오른 성공의 이미지는 조금 달랐다. 성공은 끝자락에 있는 결과물이 아니라 걸어가는 방식에 더 가깝다. 정직하게, 포기하지 않고, 때로는 묵묵하게 계속 걸어가는 사람. 그리고 그 길에서 만나는 누군가를 놓치지 않고 함께 이끌어주는 사람.

지난달 지하철에서 인상 깊은 장면을 목격했다. 한 할머니가 시각장애인 분을 도와 계단을 내려가고 있었다.

"천천히 가세요. 계단이 하나 더 있어요."

"고맙습니다. 덕분에 안전하게 갈 수 있네요."

그 짧은 대화 속에 진짜 성공이 있었다. 누군가를 돕는 것, 함께 가는 것. 그것이 진정한 성공의 모습이 아닐지 생각한다.

재능보다 중요한 것

나는 스스로 노력형 인간이라 생각한다. 대단한 재능이 있는 건 아니지만 기다리는 힘, 책임지는 자세, 그리고 무너지지 않는 단단함을 스스로 길러왔다. 새로운 직원을 만날 때면 마치 과거의 나를 보는 듯한 마음이 든다. 어떻게든 이 길을 같이 걷게 만들고 싶고, 그들이 더 나은 방향으로 가게 도와주고 싶다. 그런 마음이 곧 나의 성공이 아닐까 싶다.

2년 전 신입사원으로 들어온 김 과장이 생각난다. 처음엔 실수 투성이였지만, 지금은 팀의 핵심 멤버가 되었다. 얼마 전 그가 말했다.

"실장님 덕분에 여기까지 올 수 있었어요. 이제 저도 후배들을 잘 도와주고 싶어요."

그 말을 들으며 깨달았다. 내가 가진 걸 누군가와 나눌 수 있다는 건 결국 내가 어느 정도 채워졌다는 뜻이니까.

혼자가 아닌 함께하는 성공

존 리비의 초대는 단지 독자를 향한 것이 아니었다. 삶을 대하는 태도, 다른 이와 연결되는 방식, 그리고 앞으로의 '성공'을 다시 정의하자는 더 큰 차원의 초대였다. 누구나 자기만의 무대에서 고군분투하며 살아간다. 성공은 그 무대에서 혼자 반짝이는 것이 아니라, 때로는 조명이 되어 누군가를 비추는 일일지도 모른다.

얼마 전 회사에서 신입사원 멘토링 프로그램을 맡게 되었다. 처음엔 부담스러웠다. 내가 과연 누군가를 이끌 수 있을까? 하지만 시작해 보니 오히려 내가 더 많이 배우고 있었다. 그들의 열정을 보며 나도 다시 초심을 찾게 되었고, 그들의 질문을 통해 내가 놓치고 있던 부분들을 발견했다. 가르치는 것은 배우는 것이었고, 초대하는 것은 함께 성장하는 것이었다.

성공한 사람들의 공통점

성공한 사람들을 보면 공통점이 있다. 모두 누군가에게 손을 내밀고 있다는 것이다. 빌 게이츠는 재단을 통해, 워런 버핏은 기부 서약을 통해, 오프라 윈프리는 교육 프로그램을 통해. 그들의 성공은 혼자만의 것이 아니었다. 더 많은 사람들을 자신의 성공에 초대하고 있었다.

아직 걷고 있는 길

나는 여전히 성공을 향해 걷는 중이다. 그 길이 더디다고 해도 괜찮다. 혼자가 아니고, 누군가의 손을 잡고 또는 내 손을 내밀며 가고 있으니까. 어제 후배가 말했다.

"실장님이 있어서 이 팀이 더 따뜻한 것 같아요."

그 말이 어떤 승진이나 인센티브보다 가치 있다. 진짜 성공은 이런 것이구나 싶었다.

함께 만들어가는 성공

성공은 혼자 이루는 것이 아니다. 성공은 함께 만들어가는 것이다. 내가 성장하면서 동시에 누군가도 성장시킬 수 있을 때, 내가 행복해지면서 동시에 누군가도 행복하게 만들 수 있을 때, 그때 비로소 진정한 성공이 시작된다. 존 리비가 우리에게 건넨 초대는 바로 이것이었다. 혼자만의 성공을 넘어서, 함께하는 성공으로.

새로운 초대장

이 글을 읽는 모든 이가 스스로 무대를 사랑하고, 그 무대 위로 더 많은 사람을 초대할 수 있기를 바란다. 그리고 우리가 함께 성공을 새롭게 써 내려가기를 바란다. 오늘부터 시작해 보라.

주변을 둘러보라. 도움이 필요한 사람이 있는가? 외로운 동료가 있는가? 길을 잃은 후배가 있는가? 그들에게 손을 내밀어보라. 작은 관심을, 따뜻한 말 한 마디를, 함께하자는 초대를. 그 순간, 당신의 진짜 성공이 시작될 것이다.

↘ 오늘의 리더 메시지

"당신의 성공이 누군가의 희망이 되고, 당신의 손길이 누군가의 길이 되며, 함께 걷는 발걸음이 세상을 바꾸는 가장 큰 힘이 된다."

45

영향력을 통한 성공한 리더의 대물림

> "진정한 리더는 추종자를 만드는 것이 아니라
> 새로운 리더를 만드는 것이다."
>
> —랄프 네이더

영향력이 진정한 가치를 발휘하는 순간

성공한 리더의 가장 큰 자산은 바로 영향력이다. 그런데 이 영향력이 진정한 가치를 발휘하는 순간은 언제일까? 그것은 자신의 성공을 다음 세대에게 대물림할 때다.

몇 년 전, 한 대기업 회장의 은퇴식에서 그가 했던 마지막 연설이 매우 인상 깊었다.

"제가 이룬 성공보다 더 자랑스러운 것이 있습니다. 바로 여러분입니다. 제 곁에서 함께 성장한 여러분이 이제 각자의 자리에서 리더가 되어 더 많은 사람들을 이끌고 있다는 것입니다."

진짜 성공은 혼자 이루는 것이 아니라 함께 만들어가는 것이라는 것을 그 순간 깨달았다.

존 리비의 통찰

존 리비가 《당신을 초대합니다》에서 밝혔듯이, 영향력 있는 사람들의 공통점은 자신의 성공과 기회를 나누며 타인의 성장을 돕는다는 것이다. 리더가 영향력을 대물림 하는 근본적인 이유는 성공이란 본질적으로 관계적 산물이기 때문이다. 아무리 뛰어난 개인이라 할지라도 혼자서는 진정한 성공을 이룰 수 없다. 우리는 모두 누군가의 도움과 영향력 속에서 성장했고, 그 과정에서 배운 지혜와 경험이 오늘의 우리를 만들었다. 따라서 성공한 리더는 자신이 받은 것을 다시 나누어 주는 것이 당연한 도리이며, 이것이 성공의 완성이라 할 수 있다.

멘토가 준 인생의 전환점

돌이켜보면 나도 그런 영향력을 받았다. 처음 일을 시작했을 때, 내게는 정말 힘든 시기가 있었다. 업무는 버거웠고, 미래는 불확실했다. 그때 한 선배가 나를 따로 불렀다. "힘들죠? 나도 처음엔 그랬어요. 근데 이 시기를 견디면 정말 많이 성장할 거예요." 하면서 그 선배는 단순히 위로만 하지 않았다. 실제로 프로젝트 기회를 주고, 교육을 받을 수 있게 해주고, 실수했을 때는 덮어주었다. 그 영향력이 지금의 나를 만들었다.

영향력 대물림의 세 가지 핵심 단계

영향력을 통한 성공의 대물림이 이루어지는 과정에는 세 가지 핵심 단계가 있다.

첫째, 함께한 사람들을 빛나게 하며 영향력을 확장한다.

팀원 개개인의 고유한 재능과 가능성을 발견하고 그들이 주인공이 될 수 있는 무대를 적극적으로 만들어준다. 작년에 우리 팀에 새로 합류한 팀원이 있었다. 처음에는 소극적이고 자신감이 없어 보여서 '이 친구가 과연 잘 해낼 수 있을까?'라는 생각이 들기도 했다. 하지만 함께 대화하면서 보니, 사람들의 이야기를 잘 들어주고 제품 경험담을 진솔하게 나누는 데 특별한 재능이 있었다. 나는 그에게 작은 소그룹 미팅에서 발표할 기회를 주었다. 처음엔 떨리는 모습이 역력했지만, 자신이 직접 체험한 이야기를 진심으로 전하자 분위기가 순식간에 살아났다. 결과적으로 여러 신규 파트너가 등록하는 성과를 냈다.

"리더님, 제가 이런 재능을 가진 줄 처음 알았어요."

그가 이렇게 고백했을 때, 나는 다시 한번 확신했다. 사람을 빛나게 하는 것이 리더의 가장 큰 역할이다.

둘째, 자신이 가진 기회를 아낌없이 나누면서 영향력을 심는다.

혼자만 누릴 수 있었던 소중한 기회들을 팀원들에게 선물함으로써 그들의 잠재력이 현실로 꽃피울 수 있는 토양을 마련해준다. 우리 팀에 있던 박 팀원은 늘 열정은 가득했지만, 무대에 서 보거나 큰 자리를 경험해 본 적이 없었다.

어느 날 그룹에서 주최하는 세미나에서 제품 경험담을 나눌 연사 자리를 제안받았던 때 사실은 내가 맡아도 되는 기회였다. 하지만 나는 그 자리를 박 팀원에게 양보했다. 처음에는 "저 같은 사람이 해도 될까요?"라며 불안해했지만, 준비 과정을 함께 도와주고 믿어주자 그는 무대 위에서 놀라울 만큼 진솔하고 힘 있는 메시지를 전했다. 그날 이후 박 팀원은 팀 내에서 '롤 모델'로 불리며 다른 파트너들에게도 큰 영감을 주는 존재로 성장했다.

혼자 누릴 기회를 나누면 그것이 씨앗이 되어 팀원 개개인의 가능성이 현실로 꽃핀다. 리더가 가진 영향력은 이렇게 전해지며, 결국 팀 전체의 성장을 끌어낸다.

셋째, 지속적인 성장의 길을 열어주며 영향력을 계승한다.

일회성 도움을 넘어서 그들이 스스로 성장하고 또 다른 사람들을 도울 수 있는 시스템과 문화를 구축해 준다. 우리 팀의 이 팀원은 처음엔 제품만 좋아하던 소비자였다. 그러나 꾸준히 교육 모임과 리더십 훈련에 참여하면서 점차 파트너로서 가능성을 보여주기 시작했다. 나는 단순히 추천 방법만 알려주는 데 그치지 않고, 그가 스스로 팀을 운영할 수 있도록 교육 시스템과 도구를 함께 구축해 주었다. 그 결과 그는 단순히 내 도움을 받는 위치에서 벗어나, 지금은 자기 팀원들을 키워내며 또 다른 리더를 만들어내는 역할을 하고 있다. 이렇게 영향력이 순환하면서 팀 전체가 성장한다.

기하급수적으로 확장되는 영향력

이렇게 형성된 신뢰의 네트워크는 단순한 업무 관계를 넘어서 인생의 동반자 관계로 발전한다. 리더가 진심으로 팀원들의 성공을 위해 자신의 영향력을 투자할 때, 그 영향력은 기하급수적으로 확장된다. 팀원들은 리더에게서 배운 성공의 원리와 철학을 자신들의 영역에서 실천하게 되고, 그들 또한 다른 사람들을 성공으로 이끄는 새로운 리더로 성장한다. 이것이 바로 진정한 의미의 성공 대물림이며, 세대를 넘나드는 영향력의 확산이다.

나무가 숲이 되는 원리

얼마 전 산책길에서 본 거대한 은행나무가 생각난다. 그 나무 주변에는 작은 은행나무들이 촘촘히 자라고 있었다. 한 그루 나무가 숲을 이루기 위해서는 자신의 씨앗을 아낌없이 바람에 맡겨야 하

듯이 리더의 영향력도 홀로 간직할 때는 고립되지만 나누어 줄 때
는 무한히 번식한다.

대물림의 기적

몇 년 전부터 나와 함께 하던 이 팀장이 높은 직급으로 승진했다.
그리고 얼마 후에 그에게서 연락이 왔다.

"리더님께서 저에게 해 주셨던 것처럼, 저도 팀원들을 키우고 있
어요. 정말 보람 있어요."

그 순간 알았다. 내 영향력이 다음 세대로 전해지고 있다는 것을.
이것이 진짜 성공이구나, 싶었다.

세대를 이어가는 성공

성공은 한 사람의 것이 아니다. 여러 사람이 함께 만들어가는 것
이다. 그리고 그 성공이 다음 세대로 이어질 때, 비로소 완성된다.
당신은 어떤 영향력을 남기고 있는가? 당신 주변의 사람들이 당신
을 통해 성장하고 있는가? 오늘부터 시작해 보라. 작은 기회라도 나
누어 주어라. 사람들의 장점을 발견하고 격려하라. 그들이 빛날 수
있는 무대를 만들어 주어라. 결국 성공하는 팀은 리더의 영향력이
팀원들의 DNA가 되어 대대손손 전해지는 대물림의 공식을 가진
팀이다. 당신의 영향력이 씨앗이 되어 더 큰 숲을 만들기를 바란다.

＼ 오늘의 리더 메시지

"당신이 세운 리더가 또 다른 리더를 세울 때, 영향력은 배가 되고 성공은 대
물림된다."

46

성공은 혼자 오지 않는다—관계가 만드는 길

> "혼자 가면 빨리 갈 수 있지만, 함께 가면 멀리 갈 수 있다."
>
> —아프리카 속담

홀로 서는 성공의 허상

"정말 성공하고 싶다."

누구나 한 번쯤은 마음속에 품어본 말이다. 하지만 '혼자' 이뤄내야 한다고 생각할수록 그 길은 멀고도 멀게만 느껴진다.

어느 겨울밤, 사무실에 혼자 남아 야근을 하고 있었다. 큰 프로젝트를 앞두고 있었는데, 모든 것을 혼자 해결하려 했다. 그때 문득 깨달았다. 성공이라는 단어를 떠올릴 때마다 왜 항상 '혼자'라는 이미지가 먼저 떠오르는 걸까?

《당신을 초대합니다》가 던진 질문

《당신을 초대합니다》라는 책은 우리에게 이렇게 묻는다.

"당신 곁에는 누가 있는가?"

"그들과 어떤 신뢰를 쌓고 있는가?"

진정한 성공은 어쩌면 관계 속에서 탄생한다고 말할 수도 있겠다. 왜냐하면 우리가 흔히 말하는 영향력은 팔로워 수나 이력서 속의 스펙에서 나오지 않고, 진짜 영향력은 어떤 사람들과 깊이 연결되어 있으며 그 관계 안에서 서로 얼마나 신뢰하고 성장하느냐에 달려 있기 때문이다.

관계가 성공을 만드는 세 가지 이유

그 이유는 세 가지다.

첫째, 사소한 신뢰가 큰 성장을 만들어낸다.

몇 년 전, 새로 온 팀원이 있었다. 그는 실력은 있었지만 자신감이 없어 보였다. 나는 그의 생일을 기억해서 작은 선물을 준비했다. 그리고 그가 힘들어할 때마다 "괜찮다, 천천히 해도 된다."라고 말해주었다. 6개월 후, 그는 완전히 달라져 있었다. 자신감도 생겼고, 능력도 눈에 띄게 늘었다.

관계의 본질은 거창하지 않다. 상대방의 생일을 기억해 주는 것, 중요한 일을 물어봐 주고, 마음을 다해 들어주는 것. 이런 소소한 배려들이 두 사람 사이에 신뢰라는 다리를 놓는다.

둘째, 성공하는 사람은 좋은 사람 곁에 있어야 한다.

책의 저자, 존 리비는 말한다. 자기 계발 전략만으로는 한계가 있었고, 영향력 있는 사람들과 의미 있는 관계를 맺으며 삶 전체가 바뀌었다고. 내게도 그런 사람이 있었다. 타 회사에 아는 선배가 있었는데, 그는 항상 긍정적이었고 팀원들을 진심으로 챙겼다. 그 선배 곁에서 일하면서 나도 모르게 그의 일하는 방식을 배웠다. 사람을 대하는 태도, 문제를 해결하는 방법, 팀을 이끄는 철학까지. 운동, 비즈니스, 인생의 모든 목표는 '그 길을 먼저 걷고 있는 사람'들과 함께할 때 더 빠르고 건강하게 도달할 수 있다.

셋째, 성공은 '이루는 것'이 아니라 '함께 자라는 과정'이다.

작년 우리 팀이 큰 프로젝트를 성공시켰을 때의 일이다. 성과 발표를 하면서 나는 깨달았다. 이 성공은 내 혼자만의 것이 아니었다. 팀원들 각자의 노력과 아이디어, 서로에 대한 배려와 지지가 만들어낸 결과였다. 성공은 좋은 사람들과 신뢰를 쌓고, 공동의 목표를 향해 함께 나아갈 때 자연스럽게 따라오는 결과다.

함께 걸어준 사람들의 힘

같이 걸어준 사람들이 있었기에 그 길이 성공의 길이 되는 것이다. 얼마 전 대학 동기 모임에서 만난 친구가 말했다.

"너는 항상 주변 사람들을 잘 챙기더라. 그래서 어디를 가든 사람들이 도와주는 것 같아."

그 말을 들으며 생각했다. 성공을 원한다면 그 길을 이미 걷고 있는 사람 옆으로 가야 한다. 좋은 공동체에 몸을 담고, 진심 어린 연결을 도전해 보아야 한다.

오케스트라의 조화처럼

나는 믿는다. 성공이란 홀로 정상에 서는 것이 아니라, 함께 올라가는 과정에서 서로를 끌어올리는 것이라고. 마치 오케스트라의 연주처럼, 각자의 악기가 조화를 이룰 때 비로소 아름다운 음악이 탄생하듯이 말이다. 그 음악 속에서 우리는 혼자서는 결코 만들어낼 수 없는 감동과 성취를 경험하게 된다.

어느 날 콘서트홀에서 오케스트라 연주를 들으며 생각했다. 바이올린 혼자서는 이런 웅장함을 만들 수 없다. 첼로도, 플루트도 마찬가지다. 하지만 모든 악기가 하나의 목표를 향해 연주할 때, 그 순간 기적이 일어난다.

관계가 열쇠, 공동체가 길

결국 성공하는 팀은, 관계가 열쇠이고 공동체가 길이며 신뢰가 모든 구성원을 성공으로 이끄는 든든한 동반자다. 당신은 지금 누구와 함께 걷고 있는가? 당신 곁의 사람들과 어떤 신뢰를 쌓고 있는가? 오늘부터 시작해 보라. 주변 사람들에게 진심으로 관심을 보이고, 그들의 성공을 진심으로 응원하라. 작은 배려 하나, 따뜻한 말 한 마디가 큰 신뢰를 만든다. 그 신뢰가 쌓일 때, 당신의 진짜 성공이 시작될 것이다.

↘ 오늘의 리더 메시지

"당신 혼자의 성공보다 함께하는 성장이 더 크고, 당신이 만든 관계가 당신을 더 높은 곳으로 이끌며, 신뢰의 네트워크가 꿈을 현실로 만드는 가장 확실한 길이다."

47

하루를 살아낸 리더의 성공

"성공은 하룻밤 사이에 오는 것이 아니다.

하루하루 쌓아 올린 것이 성공이다."

—다이안 본 퍼스텐버그(Diane von Furstenberg)

성공을 거창한 것으로 생각하는 사람들이 많다. 큰 프로젝트의 완성, 놀라운 실적, 혁신적인 아이디어. 하지만 진정한 리더십의 성 공은 그보다 훨씬 작고 소중한 곳에 있다. 오늘 하루를 묵묵히 살아 낸 것. 작은 책임을 끝까지 져낸 것. 어려운 순간에도 포기하지 않 고 버텨낸 것. 이것이야말로 진정한 리더의 성공이다.

거대한 성공은 작은 하루들의 누적이다

많은 리더가 한 번에 큰 변화를 만들려고 한다. 드라마틱한 성과, 혁신적인 돌파구, 놀라운 반전을. 하지만 진정한 성공은 그렇게 오 지 않는다. 진정한 리더의 성공은 하루하루를 성실하게 살아내는 것에서 시작된다. 어제 늦은 밤까지 고민했던 그 시간. 오늘 아침 일 찍 출근해서 혼자 준비한 그 작업. 어려운 결정을 내려야 했던 그 순 간에 흔들리지 않았던 그 마음. 이 모든 것이 리더의 진짜 성공이다.

몇 년 전 어느 회사 한 팀장을 만났을 때의 일이다. 그는 특별해 보이지 않았다. 화려한 성과도, 놀라운 전략도 없었다. 하지만 그는 매일 팀원들보다 조금 일찍 와서 하루를 준비하고, 조금 늦게 가서 마무리를 챙겼다. 그 작은 성실함이 쌓여서 팀 전체를 변화시켰다. 하루의 성실함이 1년의 성공을 만든다.

작은 승리의 힘

하루를 살아낸다는 것은 그날의 작은 승리를 만들어내는 것이다. 이는 큰 성공도 결국 작은 성공의 연속이기 때문이다. 오늘 팀원 한 명과 깊이 있는 대화를 나눈 것. 미뤄뒀던 일을 마침내 해결한 것. 어려운 고객의 문제를 끝까지 해결해 준 것. 이런 작은 일들이 모여서 리더의 진짜 실력이 되며 하루의 신뢰가 평생의 리더십을 만든다.

하루를 살아내는 리더의 세 가지 힘

하루를 성실하게 살아내는 리더들에게는 공통된 특징이 있다.

첫째, 하루하루를 살아내는 리더는 일관성 있는 모습으로 팀에게 안정감을 주어 구성원들이 리더를 신뢰하고 따를 수 있는 든든한 기반을 제공하기 때문이다. 화려한 리더십보다 더 강한 것은 일관된 리더십이다. 매일 같은 마음으로 팀을 대하고, 같은 기준으로 일을 처리하는 리더. 그런 리더 밑에서 팀원들은 안심하고 자신의 역할에 집중할 수 있다. 일관된 하루가 신뢰받는 리더를 만든다.

둘째, 매일의 작은 성취를 쌓아가는 리더는 팀원들에게도 성취의 기쁨을 알게 해주어 모든 구성원이 자신의 성장을 실감하며 동기부여를 받을 수 있게 하기 때문이다. 큰 목표만 추구하는 팀은 쉽게 지친다. 하지만 매일 작은 성취를 만들어내는 팀은 계속 에너지를 얻는다. 하루하루의 작은 성공이 모여서 큰 자신감을 만든다.

"오늘 새로운 아이디어를 냈어요.", "어려운 고객 문제를 해결했어요.", "동료를 도와줬어요."

이런 작은 나눔이 팀 전체에 긍정적인 에너지를 준다. 하루의 작은 성취가 큰 동기부여를 만든다.

셋째, 오늘 하루를 완전히 살아낸 리더는 내일에 대한 두려움이 아닌 기대감을 지니게 되어 장기적 비전을 향해 꾸준히 나아갈 수 있는 원동력을 얻기 때문이다. 미래에 대한 불안은 대부분 오늘을 제대로 살지 못했을 때 생긴다. 하지만 오늘을 최선으로 살아낸 사람은 내일이 기대된다. 하루하루를 성실히 사는 리더는 자연스럽게 미래에 대한 확신을 갖게 된다.

어느 날 후배가 물었다.

"앞으로 어떻게 될지 불안해요."

나는 답했다.

"오늘 하루만 최선을 다해봐요. 그러면 내일은 저절로 좋아질 거예요."

6개월 후, 그 후배는 확실히 달라져 있었다. 오늘을 충실히 사는 자에게 미래는 희망이다.

평범한 하루의 위대함

하루를 살아낸다는 것은 평범해 보이지만 실제로는 위대한 일이다. 아침에 일어나 팀을 위해 하루를 시작하는 것. 어려운 문제 앞에서도 포기하지 않는 것. 팀원들의 이야기를 끝까지 들어주는 것. 하루를 마무리하며 내일을 준비하는 것. 이 모든 것이 리더의 진짜 영웅적 행동이다. 최근 한 선배 리더가 은퇴하면서 말했다.

"돌이켜보니 가장 기억에 남는 건 큰 성과가 아니라, 팀원들과 함께 보낸 평범한 하루하루였어요."

평범한 하루를 소중히 여기는 리더가 진정한 리더다.

오늘 하루의 성공 만들기

오늘, 당신만의 하루 성공을 만들어보라. 거창한 계획이 아니라 작고 구체적인 목표를. 팀원 한 명과 진솔한 대화를 나누거나, 미뤄뒀던 일을 해결하거나, 작은 감사를 표현해 보라.

오늘 하루를 성실하게 살아내는 것, 그것이 리더의 가장 큰 성공이다. 작은 하루가 큰 인생을 만든다. 하루를 살아내는 리더가 되어라. 화려한 성과를 꿈꾸기보다 오늘 하루를 충실히 살아내는 리더가 되어라. 그 작은 성실함이 쌓여서 진정한 성공을 만들어낼 것이다. 하루를 살아낸 리더만이 진정한 성공을 맛본다.

당신이 먼저 오늘을 소중히 살 때, 팀 전체가 오늘에 집중하기 시작한다. 당신이 보여주는 성실함을 통해 새로운 문화가 만들어진다. 그리고 그 하루하루가 쌓여서 당신과 당신의 팀이 꿈꾸던 미래를 만들어낼 것이다. 오늘부터 하루를 살아내는 리더가 되어보라. 오늘 하루를 완전히 살아낸 자만이 내일을 맞을 자격이 있다.

↘ 오늘의 리더 메시지

"진정한 성공은 하루하루를 성실하게 살아내는 것에서 시작된다."

The Power

더 파워

초판1쇄 : 2026년 03월 25일

—

지은이 : 이지연·정예신 외
펴낸이 : 김채민
펴낸곳 : 힘찬북스

—

북 코디네이터 : 유윤주

—

주 소 : 서울특별시 마포구 모래내3길 11
　　　　　상암미르웰한올림오피스텔 214호
전 화 : 02-2272-2554
팩 스 : 02-2272-2555
메 일 : hcbooks17@naver.com

—

—

ISBN 979-11-90227-67-4 03320 © 2026 by 이지연·정예신 외